体育玩转教育

体育中考，你准备好了吗？

邵 珊 景春婷 张晓光 /著

作家出版社

你准备好了吗

体育玩转教育

采访花样滑冰世界冠军陈露

采访体操奥运冠军邢傲伟

 体育玩转教育

采访蝶泳奥运冠军钱红

采访奥运马术三项赛骑士华天

体育玩转教育

采访国际象棋大师李弘

北京市西城区三帆中学体育教师季永琪

 体育玩转教育

职业冰球运动员金惊朗

体育玩转教育

CASI 单板滑雪二级教练员张宇驰

 体育玩转教育

篮球俱乐部北京精英赛成员李明哲

目录

前言 1

家长如何助力孩子的体育中考 1

    一、体育中考改革新方案来了 2

    二、中考体育权重增加，给家长和学生带来新挑战 4

    三、体育项目的选择有哪些技巧 6

    四、体育老师的专业建议 7

高三拼的不仅是智力还有体力 13

    一、好的身体是学习的保障 15

    二、运动可以促进思维的活跃 17

    三、运动让孩子意志坚强不惧挑战 19

    四、运动可以把书本知识生活化 20

    五、体育特长生如何处理学习和训练的矛盾 22

体育老师聊聊你不知道的事 26

    小学——抓住孩子运动敏感期 28

    初中——中考准备要趁早 34

    高中——让运动成为一种生活习惯 37

孩子的运动兴趣需要被父母发现和点燃　41

　　一、哪些因素会让孩子对某项运动感兴趣　42

　　二、如何给孩子选择兴趣班　46

　　三、明确兴趣和热爱、天赋和努力的关系　49

　　四、针对不同兴趣，如何激发孩子的自驱力　51

孩子运动不要半途而废　53

　　一、孩子为什么会半途而废　55

　　二、如何陪伴孩子度过瓶颈期　56

　　三、坚持才能出成绩　60

　　四、尽量不让自己日后感到遗憾　63

不同性格，不同调教　66

　　一、黄色（老鹰——看准目标快速捕获）　68

　　二、红色（孔雀——孔雀开屏是它的高光时刻）　71

　　三、绿色（鸵鸟——低调得可以把头埋到地底下）　74

　　四、蓝色（大雁——规矩得永远按照一个队形飞翔）　76

体育是男性的专利吗　80

　　一、为什么中国女性参与运动的人数那么少　82

　　二、女性从小参与运动的三大竞争力　84

　　三、女性参与运动对全社会的积极影响　90

陪孩子练体育，痛并快乐着　94

　　一、孩子练体育家长要付出什么　96
　　二、家长可能会遇到的困难和问题　97
　　三、家长在陪伴过程中需要特别注意的几点　101

这个教练适合你的孩子吗　107

　　一、什么是好教练　109
　　二、如何选择好的教练　112
　　三、教练对孩子一生的影响　115
　　四、如何教孩子积极配合教练　117

我的儿子不再被人欺负了　121

　　一、孩子不再爱生病、受伤了　123
　　二、面对困难，孩子不会一味逃避了　124
　　三、孩子不再沉迷游戏了　126
　　四、孩子有团队意识会顾念他人了　127
　　五、孩子变得更自信了　130
　　六、孩子变得更优秀了　132

约吗？一起打个球　136

　　一、外交中的运动社交　137
　　二、商务谈判上的运动社交　140

三、球队里的运动社交　141

　　四、家庭中的运动社交　143

　　五、个人生活中的运动社交　144

　　六、网络中的运动社交　147

跑步让孩子不再抑郁　149

　　一、运动让人释放压力，缓解焦虑　150

　　二、如何提高孩子的心理素质　152

　　三、运动是一种全方位的教育　158

极限也礼仪　162

　　一、修炼美好的外在形象　164

　　二、知晓遵守规则的重要　166

　　三、体会体育中的利他精神　168

　　四、感受礼仪文化的魅力　170

　　五、教孩子在运动中学礼仪　172

练体育的孩子不愁找工作　175

　　一、新形势下的体育产业　177

　　二、参与体育产业的诸多好处　186

　　三、体育产业的职场小贴士　188

体育明星该不该追 192

    一、体育偶像和"饭圈文化"的衍生 193

    二、如何对孩子进行"饭圈文化"的正向引导 197

后记：写在 2023 年第十九届杭州亚运会后 203

前　言

近些年家庭教育蓬勃兴起，但是在家庭教育中大家涉及更多的是父母如何陪伴孩子写作业，如何带孩子去上各种兴趣班；再专业一些的是家长如何在孩子情绪低落时，接纳并帮助孩子疏解情绪，如何做到对孩子高质量的陪伴。运动这个板块在家庭教育中还没有受到足够的重视，或者说在大大的花园里，挖呀挖，只能挖出小小的一小块。

不知从何时起，小区的院子里突然涌现出了很多手拿秒表的家长，他们掐着表为孩子跳绳计数："98、99、100！""宝贝加油，再坚持一下。"彼时的跳绳已经列入孩子的中考体育项目。随后2022年的北京冬奥会、2023年的杭州亚运会，如同两个重磅炸弹在神州华夏的土地上炸响，掀起了一浪又一浪的运动热潮。从2023年起，北京中考体育正式增加了过程性考核，总分逐步升至70分，这更是给无数家庭敲响了警钟，体育将成为未来孩子教育中非常重要的组成部分，运动将会伴随孩子的一生。

家长在陪着孩子欢欣鼓舞地看着电视上转播的各种奥运、亚运赛事的同时，又要陪孩子应对体育中考带来的各种困惑和压力，兴奋与焦虑并存。体育真是一个让人又爱又恨的东西！

不管情愿还是不情愿，反正，体育它来了，以排山倒海之势进入了孩子的升学考试中，也顺势进入了我们的生活中、家庭教育中。

该如何培养孩子的运动兴趣？如何摆正运动和学习的关系？如何用运动来辅助治疗孩子的心理问题？是该找个严厉的、专业的教练还是找个孩子喜欢的教练？孩子练了一段时间不想练了怎么办？是深耕还是及时换赛道？女孩子要不要像男孩子一样培养运动爱好？是把体育只当爱好呢，还是走专业？练体育未来好就业吗？孩子如果追体育偶像被"饭圈文化"影响该怎么办？

一个个问题具体又实际。

带着这些鲜活的问题，我们走访了很多体育人士，其中有前奥运冠军、现亚运冠军、专业运动员、体育赛事工作人员、职业教练，以及一些热爱体育运动并擅长某个项目的体育特长生和普通学生，当然还有一些有带娃运动实战经验的家长和正在为孩子要不要练体育、怎样提高体育成绩而焦虑着的家长。

从他们的故事中，我们不仅看到了中国体育的发展，也看到了运动给他们生活带来的变化，更重要的是，我们看到了体育给每个个体带来的切身好处：好身体、好成绩、好未来。同时我们感同身受地体会到大众对体育运动的重视程度在逐年提高。

我们采用口述纪实的方式，让大家从他们的故事中身临其境地感受到体育的力量和魅力，也希望给家长提供一些对孩子的体育培养切合实际的帮助和参考意见，真正解决家长心中的焦虑。希望我们这一点点的声音可以唤起孩子对体育的兴趣并真正让他们从中受益。

此书的撰写，缘于体育对孩子健康成长惊人的影响力。运动，能陪伴孩子的一生。我们希望借此书，让更多的人加入"体教融合"这一教育改革的大潮中来。书中所提到的现象和观点，只是事物发展过程中的一些现象描述或个人观点而非终极结论，我们的初衷只是想给大家一些借鉴和建议，如果有失全面或客观，欢迎大家批评指正。

如果因为这本书，能让更多的孩子爱上体育，能让更多的家长消除一些教育焦虑，也算我们为家庭体育教育尽了一份绵薄之力，我们将会感到无比欣慰。

邵珊、景春婷、张晓光

家长如何助力孩子的体育中考
——体育中考家长要知道的那些事

小明妈妈今天去开家长会了，回来后忧心忡忡，因为从小明这届开始，中考体育成绩就变成 70 分了，而且小学四、六年级的体育成绩也要算进中考成绩了。这可急坏了小明妈妈。

小明是个早产儿，从小体弱多病。姥姥怕孩子累着，什么也不让他干，天热怕晒着，天冷怕冻着，天气好时偶尔带他下楼溜达溜达。上了一年级后小明的体能远远不如其他的同学，小明的父母开始着急了，姥姥却自我安慰说："我家小明聪明，脑袋瓜好使，指定学习好，以后考大学肯定没问题。"听姥姥这么说，小明妈妈也没把体育太当回事，小明除了读书平时很少有户外运动，更别说体育锻炼了。

今天开完家长会回来，小明妈妈是愁云满面，中考体育要占这么大的比例，小明在这方面没有任何优势，原本凭学习成绩上个好高中是稳操胜券的事，可现在一点把握都没有了，就算现在开练，也不知道是否来得及呀。

一、体育中考改革新方案来了

2023年9月，是疫情后首次真正意义上施行北京体育中考改革新方案。这个方案包括过程性考核和现场考试两部分，总分70分。即四年级、六年级、八年级三次的过程性考核每次10分，八年级体育素养机上笔试10分，九年级现场考试30分，一共70分。具体如下表：

表1 体质健康考核项目权重

四年级10分（第一学期）		六年级10分（第一学期）		八年级10分（第一学期）	
单项指标	权重（%）	单项指标	权重（%）	单项指标	权重（%）
体重指标（BMI）	15	体重指标（BMI）	15	体重指标（BMI）	15
肺活量	15	肺活量	15	肺活量	15
50米跑	20	50米跑	20	50米跑	20
坐位体前屈	20	坐位体前屈	10	坐位体前屈	10
1分钟跳绳*	20	1分钟跳绳*	10	立定跳远	10
1分钟仰卧起坐	10	1分钟仰卧起坐	20	引体向上（男）/1分钟仰卧起坐（女）*	10

续表

四年级 10 分（第一学期）	六年级 10 分（第一学期）		八年级 10 分（第一学期）	
	50 米×8 往返跑	10	1000 米跑（男）/800 米跑（女）*	20

备注：标注 * 为加分指标，其中四年级、六年级跳绳可加分 1—20 分；八年级引体向上（男）/仰卧起坐（女）可加分 1—10 分，1000 米跑（男）/800 米跑（女）可加分 1—10 分。过程性考核成绩良好及以上即可拿到满分。

表2 体育健康知识及现场考试项目分值

八年级 10 分（第二学期）	九年级 30 分（第二学期）			
体育与健康知识考核（机考，开卷）	第一类素质项目1	必选	1000 米跑（男）/800 米跑（女）	8 分
	第二类素质项目2	6 选 1	男生：引体向上、实心球、双杠臂屈伸、1 分钟跳绳、原地纵跳摸高、立定跳远	8 分
			女生：仰卧起坐、实心球、斜身引体、1 分钟跳绳、原地纵跳摸高、立定跳远	
	第三类运动能力1	5 选 1	足球（运球和射门）、篮球（运球和投篮）、排球（发球和垫球）、乒乓球（发球和左推右攻）、羽毛球（发高远球和正反手挑球）	8 分
	第四类运动能力2	5 选 1	男生：体操（男生双杠组合、技巧组合）、武术（健身长拳套路、健身南拳套路）、游泳（100 米）	6 分
			女生：体操（女生双杠组合、技巧组合）、武术（健身长拳套路、健身南拳套路）、游泳（100 米）	

从表格中可以看出，新的中考体育改革方案，主要增加的是过程性考核部分。

一是体质健康考核，这部分考核内容实际上就是目前运行多年的包括体重指数、肺活量、50米跑、坐位体前屈、1分钟跳绳、1分钟仰卧起坐等在学校日常体育锻炼中经常练习的项目，不同学段有具体的单项指标和权重，体现循序渐进的过程，强调过程的积累和国家基本健康标准的达成。达到良好及以上就可以得满分。很多同学都能达到良好以上，此举重在引导孩子和家长尽早关注孩子体质健康的目标达成度。

二是体育与健康知识考核，目的是让孩子们了解必要的健康安全和体育运动常识。喜欢锻炼并能坚持是好的，但更重要的是要学会科学锻炼、健康生话。比如如何控制运动强度，避免运动伤害，准备活动和拉伸运动的必要性；再比如科学合理的营养膳食结构、作息生活习惯等。

过程性考核重讨程、强调参与、要积累、降低分差和区分度，就是想让孩子们点点滴滴积累每天的健康生活习惯。达到基本健康标准，了解基本健康运动常识，认真坚持参与就能得高分、得满分。

二、中考体育权重增加，给家长和学生带来新挑战

新的改革方案增加了体育成绩的权重，出发点还是希望家长和学生更关注孩子的身体健康，从小锻炼，增强体质。我们不难发现，十几年前考体育，孩子都是在学校跟着老师练，大部分孩子都能得满分，而现在，各种运动都要报专项的兴趣班，就连基础体能，都要上专门的体能课了。这

是什么原因造成的呢？

一方面，就普通孩子来说，现在孩子的体能普遍是不如从前的。以前孩子放学后都会在学校或者户外玩一会儿，找个空场踢踢足球，找个篮球架投投篮，所以体能还可以。但是近几年孩子们放学后玩一会儿、疯跑打闹的越来越少了。一是大家都住在不同的小区，很难找到合适的运动场地；二是现在的孩子每个人都有好几个兴趣班，空闲时间并不统一，一起运动的交通成本和时间成本都很高。同样的社交需求，线下费时费力，线上一呼百应，所以一有空闲时间，孩子们就网上集结打游戏了，一打一两个小时，大大压缩了运动的时间。

另一方面，是竞争带来的内卷。有些孩子是从小就在俱乐部练项目的，身体素质很好。而那些没练过的孩子相比之下就有明显的劣势。为了尽快缩小差距，张三给孩子报了体能班，李四怕孩子落下，也跟着报，毕竟一分之差，会淘汰几千人呢。

让运动功利化，显然不是改革的初心。如果家长和孩子迫于应试压力而重视体育锻炼，从而产生运动兴趣、养成运动习惯，受益终身，那才是改革的初心。建议家长在孩子小的时候就带他多接触一些运动项目，能看的都看看，能玩的也都玩两下。不和孩子提考试，就是纯玩、纯体验，孩子没压力，就会玩得很开心，玩着玩着，孩子的运动天赋就会显露出来，是速度好还是耐力强一目了然，然后根据孩子的喜好在自选项目里选他喜欢并擅长的。同时也要避免专项训练过早化。现在很多家长让孩子五岁就去专项练篮球、羽毛球。其实八岁以前最好都是基础体能训练，孩子的跑、跳、投、游、划等基础运动能力上去了，再练专项，会事半功倍，而且他以后玩什么上手都会很快。如果专项训练过早，孩子后期的发展会受限。

那用不用报专门的体能训练班呢？如果你的孩子特别自律，身体素质也比较好，跟着学校老师练就没问题；但是如果孩子尤其是男生不自觉的，不肯练的，你想最后得满分还是挺难的，需要家长参与督促，家长上心不上心，最后结果肯定是不一样的；还有就是身体素质差的，协调性、律动性都不太好的，那家长要陪着孩子一起笨鸟先飞，多花点时间练，如果自己陪不了，去一些体能机构，找教练带着练也能提高。

三、体育项目的选择有哪些技巧

体育中考改革后，九年级现场考试的内容有较大调整，打破了以往过于集中限定考试项目的弊端，让更多的孩子能有机会用自己最喜爱、最擅长的项目来参与考试，从而拿高分、拿满分。具体来说，采取分类限选的方式，把内容划分为4类22项，每名同学可挑选4项。

自选项目一定要选熟悉的、玩得好的项目。我们说孩子小时候有一两项体育爱好非常重要。为什么呢？第一，他对考试的项目不陌生；第二，从小有一项体育爱好的孩子体能差不到哪儿去。就拿足、篮、排来说，很多男生都首选篮球，因为从小出门就和小伙伴打篮球，对这个项目非常熟悉。

如果从小没玩过任何球类，那就选排球吧。因为足球要求运球、绕杆、射门。篮球也一样，要求速度和球感，有一定的技术难度。这两项都会计时，零基础或身体素质差一点的孩子想拿满分不容易。排球是发球、自垫球（一分钟40个），移动性不大，不需要奔跑，即使胖孩子、速度不行的孩子也能练出来。

素质项目中，男生想保一个成绩，选实心球，因为好歹你都能扔出去有个分，而引体向上如果你不练有可能一个都做不下来。想冲高分选引体向上，因为实心球在短时期内比较难突破。从形体上讲，胖孩子选实心球，瘦孩子选引体向上。女生的仰卧起坐应该是拿分项目，一般都能做30多个，稍加练习就可以满分。个别只能做几个的女生，练也进展不大的就选跳绳吧。跳绳是一个很好的运动，能助力长个，还能锻炼弹跳能力。

另外，在过程性考核时，要重点练习加分项目，比如四年级、六年级的跳绳，八年级男生的1000米跑、引体向上，女生的800米跑和仰卧起坐。通过加分项目弥补其他项目的不足，在过程性考核中拿到好成绩。

四、体育老师的专业建议

就本文开头小明妈妈和有相同困惑家长的普遍性问题，我们采访了北京师范大学附属实验中学的体育老师陈力和北京某少儿体能训练中心的司东凯教练，就家长的疑惑和问题给予一一解答。

1. 为了应试，最晚什么时候开始练？

如果孩子上初中了，从初一就要开始练，练上三年，中考没问题。如果上小学，从小学一年级开始练，因为体能储备是需要一段时间的。如果说为了应付中考，你初三才开始练，那还真有点晚了。为什么体育应试要从小学四年级开始，就是想让孩子从小开始锻炼，花更多的时间和精力在运动上，这样才能慢慢养成孩子们终身的运动习惯，从而提高整个民族的身体素质。

2. 哪些项目可以突击训练，哪些项目必须从小训练？

球类的可以突击，素质类的项目，不太能突击训练。比如引体向上，有的男孩子开窍晚点，初一初二他根本不当回事，就是瞎混，到了初三，突然意识到了，就想临时突击一下，结果并不尽如人意，因为素质类项目是突击不来的，有的孩子初三才开始练引体向上，你连续练五天，就会腿疼、胳膊疼，你就得歇两天，再练两天手又脱皮了，还得养几天，几天不练就做不了那么多了，它是螺旋式上升的，所以这事突击不来，就是要坚持。

3. 如果孩子不爱运动，哭闹、受伤等，该如何帮助他坚持下去呢？

对于没有运动习惯或者偏胖、身体素质较差的孩子，运动初期是很艰难的。这种艰难不仅表现在身体上的不适，比如疼痛、呕吐，还有很多情绪上的畏难和排斥，比如会哭、会闹。这就需要家长做好充分的心理准备。

相比累，孩子更怕疼，因为现在的孩子在生活中很少有机会体验疼。比如坐位体前屈，我们给孩子做拉伸的时候，孩子会疼，就会抵触。第一理解他，第二转移注意力，第三让他看到五秒疼痛后他能伸长三厘米，成绩一下提了好几分，下次他就会坚持。这并不是肌肉松了，而是他对疼痛的耐受度好了。

在孩子做不到的时候，家长首先要减少批评指责，给予具象的肯定。其次，让孩子看到短期的收益。拿俯卧撑举例，这周做二十个，下周能做二十五个……这中间可以在技术上降低难度，退阶训练，实在不行可以跪着做，总之，要让孩子看到希望，看到进步。只要付出一定有收获，在正确动作的基础上，多一点时间的付出。

如果家长本身体育素质不错，建议家长陪练，锻炼身体的同时可以增进亲子关系，但如果家长这方面素质不行，可以找教练。首先教练更专业，其次教练对孩子更有权威感和可信度。妈妈说孩子你真棒，孩子不信，可是教练在孩子做完一个动作后肯定他，即使带有鼓励的成分，孩子也会相信，因为这是外人的肯定，权威的肯定，更容易让孩子坚持下去。

体育中考改革的初心是好的，但是为了体育应试，家长不顾孩子意愿强迫孩子苦练，也容易引发孩子焦虑、抑郁的情绪。所以家长还要密切关注孩子的心理健康。

4. 体育考试前有哪些注意事项？

在运动前不要让孩子吃得太饱，吃一根香蕉，一片面包，不饿就可以了。不吃会低血糖，吃得太饱会吐。考试时把需要准备的东西带好，放松心态就好。如果家长焦虑的话，记住一句话：努力总有收获。孩子练了这么久，一定没问题的。

体能教练的中考体育项目训练小贴士

项目	训练贴士
肺活量	1. 肺活量就是肺容积，测试肺活量是看你的肺能吸入多少体积的气体，再呼出多少气体，以及呼出气体的时候是否匀速。 2. 吹气技巧：测试肺活量的仪器里面有一个水平仪，那里有一个小球，当小球受到气体推动的力量，离开原始位置的时候开始计数，当气量不够的时候它就会收回。如果你吸了 7000 mL 的空气，迅速吹进去，小球刚开始出发，没走多远就回来了，你的计数可能只有 1000 mL。所以呼气一定是持续匀速并且带有压力的。 3. 训练肺活量的方法：爬山、跑步、游泳、力量训练等提升心肺阈值；也可以在家练习吹吹气球。

续表

项目	训练贴士
50米跑	1. 看视频或者上一两节课，学习正确的跑姿，养成正确的跑步习惯，跑步的姿势不对，速度就起不来。 2. 想要跑得快，一靠步频，二靠步幅。步频就是双腿摆动的频率，步幅是一步迈出的距离。很多孩子跑步时大腿几乎不动，全靠小腿倒腾，就像一个很小的齿轮在转动，即使转得很快，距离却很短。提升步频和步幅，一定要锻炼下肢力量和提髋力量，调整提髋角度，让大腿摆动起来。在家里可以做一些深蹲，或者在脚踝绑上弹力带、水瓶、沙袋等，练习单腿抬腿，提升髋部力量。
坐位体前屈	1. 体前屈对腿长的孩子来说相对困难，需要早做准备。体前屈的训练依靠日常的拉伸。拉伸一定是热拉伸，比如先活动活动关节，做做热身运动或者楼下跑两圈之后再去拉伸，不然非常容易受伤。拉伸容易反弹，需要经常练习。 2. 拉伸分为主动拉伸和被动拉伸。主动拉伸是自己给自己拉；被动拉伸是教练或者家长等帮忙，让孩子持续的时间更长或者拉得更远。坐位体前屈的拉伸，最大的阻力是孩子对于疼痛耐受力很低，容易产生抵触情绪。家长可以给孩子定下一个目标，比如15厘米，告诉孩子只要坚持5秒，也就是两个呼吸后，这个疼痛就结束了。拉伸后去踢几次腿，发现踢得更高，回来继续拉。这样反复，建立孩子对疼痛的耐受力和心理预期。如果孩子逐渐达到目标，会有很强的成就感。
1分钟跳绳	1. 跳绳相对于其他项目来说，更能够在短时间内提升成绩。 2. 初学跳绳时，一定要纠正孩子的姿势，比如手要端平，端平时要两手同时发力，不要一边发力一边不发力或者一边高一边低。如果孩子在最开始跳的时候没有总是掉，就不会觉得跳绳很难，也不容易产生抵触情绪。建议在练习的时候对着镜子练，孩子能够及时看到自己的姿势并调整。 3. 跳绳的落地姿势，是前脚掌着地，膝盖伴随微屈。屈膝的时候膝关节没有锁死，肌肉绷着劲，就不容易受伤。跳到一定程度后，想要提速，可以让小臂更靠近身体，可以从胳膊转变成手腕转，胳膊省力了，节省体能的情况下能让自己多跳几个。

续表

项目	训练贴士
1分钟仰卧起坐	1. 仰卧起坐相对简单，在身体平躺的时候，找到腹部发力向上卷曲的感觉。家长可以给孩子肚子上比画一块区域，让孩子找到发力的位置。同时在做的时候收紧下巴，防止脖子酸痛而产生抵触情绪。 2. 仰卧起坐靠的就是日常的练习。当孩子找到腹部发力的感觉后，给孩子制定可以实现的小目标，比如每天10个，这个是躺在垫子上一次性完成10个。哪怕很慢，也不要停顿很长时间。这是一个建立腹部耐力的过程。一周后没问题可以慢慢加到每天20个，下周25个。这样循序渐进，两个月下来，大部分孩子都可以达到满分。
50米×8折返跑	1. 50米×8是耐力加上折返，还有重心移动和方向变化。 2. 耐力训练。想50米×8成绩变好，至少要能跑1000米，跑50米×8才不会感觉累。50米×8有多次的启动和折返，假如孩子有100分的体力，要学会分配自己在每一次折返中使用多少体力，否则开始时速度很快，到第三四个折返已经没力气了。多次的训练，让孩子知道自己到了第几个折返的时候会特别累（一般是剩下最后100米的时候），这时他咬牙冲一下就可以了。 3. 平时在小区里，可以找两棵树或者路灯，让孩子练习折返跑。跑的时候不是启动—加速—减速—折返再启动的过程，而是启动—加速—切换重心折返的过程，练习不减速的情况下实现重心转换，成绩就会提升好几秒。 4. 50米×8是一个比较难的项目，家长可以通过和孩子打赌、比赛、做游戏等多种方式激励孩子练习，一定注意不要跟别的孩子比较，每个孩子的身体基础不一样，只要经过训练，比自己有提高就值得表扬。
立定跳远	立定跳远是一个基于力量的快速伸缩复合运动，需要有肌肉的联动性，不是一个关节在运动，是全身的性能运动，所有力量被压缩然后释放向前。在跳远时，腿部和臀部发力，膝区和髋区角度变化，手臂引领身体向上延伸再靠腹部肌肉把身体拉回来，腿前伸身体做前屈。这个过程身体各部分联动，需要平时通过深蹲、提髋、卷腹等提升腿部、臀部、髋部、腹部的力量。同时通过基础体育锻炼增加基础体能。

续表

项目	训练贴士
引体向上	1. 引体向上要先练习孩子的抓握力，让手的握力能够适应身体的垂直重量。方法就是在家里或者外边练习吊杠。可以买一些液体或者固体镁粉，不需要戴手套，握住单杠把自己吊住，每天抓杠时间至少 1 分钟以上，只有这样才具备引体向上的可能。 2. 如果背部肌肉和手臂二头肌没有力量，可以先做引体向上的退阶练习——斜身引体，把脚斜着伸出去，支撑在地，用手臂拉着自己向上。 3. 斜身引体可以后，再练习打浪，就是借助惯性在适当的时候把自己的身体迅速荡上去。抓杠是基础，需要尽早练习，如果到了快考试才开始练习，就有些来不及了。
女子 800 米 / 男子 1000 米	1. 建议孩子参加一些学校的跑步社团，从小养成跑步的习惯。 2. 每周给孩子安排一定的跑量。能跑下 800 米或 1000 米，至少要有 2000 米到 3000 米的跑量。比如四年级以下，每次 1000 米，一周要有 3000 米的跑量；四至六年级，每次 1000 米到 2000 米，每周 4000 米的跑量；初中以上的孩子，每次 3000 米，每周跑两次。3000 米对于初中的孩子也就是十几分钟的时间，比玩一局《王者荣耀》的时间都短。高中的话，一周至少一个 5000 米或者 8000 米的跑量。 3. 无论 800 米还是 1000 米，都是意志力的坚持和体力的分配，而且这个过程没有减速只有加速，如果速度减下来了，只会越跑越慢，想提上去几乎不可能。如果经常跑步，就会对自己的体力和身体感觉有清晰的认知，跑的时候不会觉得终点遥遥无期，坚持下来并且最终冲刺都是水到渠成的。

高三拼的不仅是智力还有体力
——运动与学习的关系

距离高考还有五个月的时间，晓琳作为一名高三学生，每天都感到分身乏术。

刚刚早上 6 点 10 分，晓琳已经坐在教室里开始早读了。或许因为昨晚刷题刷得太晚，睡眠时间总共不到五个小时，她的上下眼皮直打架，她拿出两个小牙签生生支起了马上就要罢工的上眼皮，还是头昏脑涨。她尝试着站起来背诵，仍旧什么也记不住，无奈之下她走出教室，想在走廊里清醒清醒再回来继续学习。可是刚走出教室，就看见走廊两侧的励志标语横幅，她立刻觉得这一刻的清醒其实是一种懈怠，于是赶紧又返回了教室。

上完早自习的大课间，教室里的学生睡倒了一大片。晓琳刚喝的咖啡起了作用,她合上书本,想起昨晚在补课班里,妈妈和老师的对话。妈妈说:"我不指望我的孩子能考上什么985、211这样的好大学了,我们晓琳身体不行。"老师说:"身体不好,脑子好不就行了。"妈妈说:"不是的,高考最后拼的是体力,体力好的孩子注意力能集中,学习时间长了也不觉得疲劳,这样的孩子事半功倍。但我的孩子先天不足,从小身体就很瘦弱,学一会儿就会累,记忆力也不太好,即使耗费的时间很长,效率也很低,所以我们也不对她抱太大的希望了,因为根本拼不过那些身体好的。"

晓琳万万没想到,一向特别支持自己的妈妈,心里竟然是这么想她的。她望向第一排靠窗的李想,轻轻叹了口气,觉得老妈说的也不无道理。李想是班里的体委,也是校篮球队的队员。每天早晨在大家早读的时候,他会和几个队友一起在操场晨跑,大课间加起来每天至少也能打一个小时的球,运动会、艺术节哪儿哪儿都有他,简直就是一个"多边形战士"。高三学习这么辛苦,可是感觉他每天神采奕奕,上课几乎不打瞌睡,学习效率特别高,老师都说他的后劲足,他的这种状态太让人羡慕了。是不是真如妈妈所说,高三最后拼的不仅是智力还有体力,自己的身体素质不行,拖累了学习成绩呢?现在开始运动还来得及吗?

晓琳陷入了沉思——

上述故事或许会给很多家长一个警示。因为大部分家长没有考虑到孩子的学习成绩和他们的先天身体素质、学习效率及体育锻炼,其实有着紧密的关联。

以前很多人会有一个认知误区,认为爱运动的学生,都头脑简单,四肢发达,在学业上没有什么竞争力。因此在课业学习如此内卷的大环境下,很多学生家长和教育工作者为了能让学生的成绩拔得头筹,会想方设法地占用学生大量的课余时间,尤其是体育锻炼的时间。相信80、90后的人一定对这样的场景不陌生:上课铃打响,班主任老师手捧一摞卷子走进教室,宣布这节体育课取消,改上自习,接着教室里传来学生的一片哀号声。老师为什么会如此理直气壮?因为他们的行为受到了校方和家长的默许和鼓励,因为他们中的不少人认同体育锻炼和学习成绩两者是矛盾的,认为参加体育锻炼会占用学生的学习时间,运动后有些学生会感到疲惫而耽误学习。

而事实果真如此吗?非也。别说是清华大学那些热爱运动的学者,个个头脑灵活,思维敏捷,就是当今那些职业运动员,随着竞技体育的逐步发展,也同样需要聪明的头脑以及缜密的逻辑思维。因此,研究清楚运动和学习的关系,让学校、家长以及学生正确认识运动对于学习成绩的促进作用,才能从根源上提高学生运动的主动性、自觉性,同时也会让学校和家长给学生提供更好的运动环境。

一、好的身体是学习的保障

科学研究表明,适度的体育锻炼对身体的各个系统和器官发育都有着积极的影响,尤其对大脑的发育至关重要。运动不仅改善人体的新陈代谢,促进骨骼生长,提高骨密度,还可以强健肌肉,提高心肺功能,增加肺活量。经常锻炼的人，神经系统的调节功能会得到强化，身手也会更加敏捷和灵活。

运动不仅是身体的需要，而且是大脑营养的补充。长时间的脑力工作会使人感到疲劳，而疲劳则会干扰新陈代谢的正常进行。过度使用大脑会导致神经细胞长时间无法得到休息，从而使记忆力明显下降，并可能引发神经衰弱等疾病。而体育锻炼恰恰可以使中枢神经及大脑皮层的兴奋和抑制更加协调，使疲劳的神经细胞得到充分的休息和调节，从而提高大脑分析和综合的能力。那些经常从事体育锻炼的人耳聪目明、精力充沛，正是神经系统功能提高的表现。

王金战（原人大附中校长）曾经不无骄傲地说，他对学生的爱就是让他们在寒冬腊月里坚持冬季长跑，一个冬天跑下来，学生们身体素质好了，免疫力强了，不感冒，不缺课，不仅出勤率高，学习成绩也好了，好的身体素质是学生冲刺高考这种高强度学习的重要资本。

李弘（国际象棋大师）在采访中这样说道：

国际象棋其实也是一项体育运动，不仅费脑还耗体力。你想要下好一盘棋，就要通盘考虑问题，要学会计算、分析，每一步棋都要经过深思熟虑，并对后来的几步棋做出预判，并且要有缜密的计划、步骤做保障。比如，对方出这步棋我该如何接招，出那步棋我又该如何反击，要揣测对手的棋路变化。它不光费脑力，也非常耗费体力，其他运动项目一场比赛不过几十分钟，有的还是不同队员轮番上场，而下一盘棋需要几个小时，甚至十几个小时，就一个人单打独斗，没有好的体力根本撑不下来。

记得我们有一次打比赛，连续奋战十一天，一天下一轮，这真的太考验耐力了，如果你没有坚强的意志和良好的身体素质根本完成不了比赛。为了能应对这样的高体能比赛，我从十几岁在国少队训练开始，每天必抽出一小时的时间踢球，逼着自己练出好身体，踢出好耐力。

二、运动可以促进思维的活跃

研究表明，肢体的灵活会带动大脑思维的灵活，运动不仅可以增加大脑的血流量，提升肾上腺素和多巴胺水平，还可能导致大脑结构的持久改变。经常参加锻炼的人，血液中输送氧气的血红蛋白含量升高，使大脑获得更多氧气，从而加快大脑神经的反应速度，增强大脑皮质的分析和综合能力，为人们从事智力活动打下良好的物质基础。

体育运动具有不同形式的对抗性，无论是个人项目还是集体项目，由于其具有不确定性的特点，肢体对抗的外在形式可以引申为内在人脑间的智慧较量。以乒乓球颠球训练为例，颠球的人需要找到如何在球拍和球之间保持平衡，同时还需要集中注意力于球的运动轨迹。如果注意力不集中，球会立即掉下来。因此，体育运动能有效地发展青少年的观察能力。技术动作的练习，有利于促进青少年的记忆力和想象力发展；通过教学比赛和各种体育游戏，可以潜移默化地培养青少年的思维敏捷性和应变能力。

施一公（中国科学院院士）曾经说道：

> 我觉得运动给我最大的收获就是让我工作的时候精力旺盛。我的同事、我的学生有时候会觉得运动占用时间。殊不知，每天运动这一小时，可以让你的工作效率提高20%—30%。运动让你感到精力充沛。这种精力充沛让你的思维更快、更好，学习、工作效率也更高一些。我从中学就开始运动，我的身体素质并不是很好，我第一次参加运动会得了个倒数第一。其实我的身材和体质并不具有优势，但是我深受运动之益，在大学时期是清华田径代表队的成员，经常参加学校的竞走和长跑的比赛。记得80年代的清华，每天下午4点半，大喇叭会响起嘹亮的口号："走出课堂，走出教室，奔向操场，奔向道路，锻炼身体，为祖国健康工作五十年。"这种口号一响起来，特别振奋人心。不能说全清华吧，至少半个清华的学生都起来锻炼身体了，大家的运动习惯非常好。现在的学生条件更加优越，互联网也便利，在手机上刷微信、微博等各种社交软件，大家天天很开心，但是运动的时间反而少了。其实运动是为了自己，运动会让你受益一生。哪怕你身体素质再不好，走一走，慢跑一下，都比不运动要好得多。现在我每天都在操场上和同学们一起跑步、运动。为祖国健康工作五十年不仅仅是一句口号，如果没有好的体魄，好的身体素质，怎么可能健康工作五十年呢？

在"开学第一课"上，施一公校长送给广大中学生一个顺口溜：爱体育，爱科学；爱锻炼，爱学习。教室，一去如故；操场，常来常新。学习、锻炼两不误，健康学习工作五十年！

我们常说学习要张弛有度，适当地"弛"是为了更好地"张"，只有张弛有度，孩子的大脑和身体才会得到充分的转换，一个能平衡学习和运动的孩子一定是有弹性、适应性强的孩子。我们要给孩子提供充足的时间和机会参与体育运动，让他们享受运动乐趣的同时又提高学习效率，1+1＞2，何乐而不为？

三、运动让孩子意志坚强不惧挑战

有的孩子很聪明，甚至天赋异禀，最终却没有在学习上取得应有的成绩，这很大程度上是因为没有韧性，没有坚强的意志品质和不屈不挠的精神做支撑。

现在流行男孩要穷养，穷养指的不是物质的匮乏、经济的拮据，而是培养其能够吃苦耐劳的意志品质。可如今的物质生活条件如此富裕、安逸，大城市里哪里有让孩子肩挑手提的重体力活儿，那么这个苦从哪里吃呢？答案是运动。

让孩子在运动中体验吃苦，体验忍耐。因为体育运动大多具有对抗性，你要面对挫折，克服各种障碍以及体能上的极限，挺过去了，意志也就自然坚强了，意志坚强的孩子，面对任何困难，从心理上都不会害怕、退缩，学习上也如此。另外从小练体育的孩子就会参加各种比赛，比赛会让孩子有竞争意识，爱竞争的孩子不太会逃避。

傅迈伦（香港岭南大学硕士研究生）在采访中这样说道：

从小打羽毛球让我知道成长的过程就是不断克服困难、迎接新挑战的过程。比如说一个技能学会了，你还没来得及沾沾自喜呢，马上就会有一个新的目标让你去学习和挑战，挑战变成了一种常态，慢慢你就习惯了。

所以上中学时，尤其是初二课业难度突然加大时，有些同学会感到不适应，学习动力不足，成绩就开始下滑。都说初二是一个分水岭，但那时我就还好，我会很较劲地把不懂的弄懂，问老师、问同学，这股不服输的劲儿应该是打球带给我的做事习惯。其实最困难的那部分一旦熬过去，后面就豁然开朗了，之后再回顾过往，好像也没那么难了。

结果的高下往往取决于在做事的某个关键点上你是较劲还是放弃，坚强的意志会让孩子较这个劲。我们常说运动好的孩子往往学习也不会差，因为两者之间的道理是相通的。

四、运动可以把书本知识生活化

学习的目的是什么？仅仅是考试吗？不是的。学习的目的是更好地、更便捷地生活。日常生活中遇到困难了，我们可以运用我们曾经学过的知识来解决问题，这才是学习的最终目的。

孩子们平日里在课堂上学到的那些知识——各种定律、原理原本都是死记硬背的，但在运动中，这些知识、这些抽象的概念都会转化成具体的体验得到充分的理解和实际应用。

张宇驰（美国约翰斯·霍普金斯大学硕士研究生）在采访中这样说道：

其实，平日里我不太愿意让别人叫我是"学霸"，我更愿意别人叫我"体霸"。学霸给人的感觉是只会学习，其他不灵，但体霸就不一样了，运动这件事，会让你懂得很多。因为一个项目，你需要不断地学习、训练、参加比赛，这中间你会碰到很多事，甚至困难、危险，如果你懂得多，平日里知识积累得多，那么解决问题的能力就会比较强。

记得五年前，我还在美国读书的时候，我去洛杉矶滑雪，那里有个非常著名的滑雪胜地叫太浩湖。那个雪场非常大，不像我们国内的雪场那么正规，哪里有坑都会有标注，它那儿就是个野雪场，什么标注都没有。我滑着滑着就掉进了一个大冰窟窿里面。那个冰窟窿有两米多深，我一米八五，正好没过我的头顶。当时我首先想到的就是我不能在这个窟窿里待太久。我们初中学过压强等于压力除以受力面积，在这么小的空间里，我一米八的大个子，如果压强过大，待不了多久可能就会沉下去，谁也不知道湖下面到底有多深，所以我必须要想尽一切办法把自己弄出去。我定了定神，先解下滑板扔了出去，然后用靴子在四周的冰壁上凿出一个个洞，供我攀爬使用。准备就绪后，我开始往外爬，真是费了好大的劲才把自己运出去。爬出来后我一屁股坐在雪地上，倒吸了一口凉气，终于自救成功。现在回想起当时的情景，我还是很庆幸自己的机智。

是啊，运动和学习一点都不矛盾。学习可以让我们对运动原理领悟得更透彻，对技、战术考虑得更周详，而运动反过来又可以促进我们的学习。想象一下，当学习关于重力的物理知识时，我们通过运动中的跳跃和下蹲来亲身感受重力的作用，这种生活化的学习经历使我们对概念的理解更加深刻，而不仅仅是停留在书本知识的层面。另外运动还能帮助我们打开迷走神经，迷走神经一旦打开，身体会更加兴奋、快乐，会让我们的学习状态更好，注意力更加集中。运动和学习就像是一对孪生兄弟，相互依存，不可分割。

五、体育特长生如何处理学习和训练的矛盾

作为体育特长生，在学习和训练中会遇到因时间冲突而产生的矛盾，我们该如何看待和应对这个问题呢？

金惊朗（北京某高中体育特长生）在采访中这样说道：

我初、高中一直都是在国内同一所著名的中学上的，能上这个学校，真的是很幸运，因为里面有很多特长生。后来因为我学的是冰球，所以高二就去了美国，高三因为疫情我又回到了国内这所高中。

我觉得美国的运动环境相对更宽松一些。同样都是体育生，在国内特别是我们这样的好学校，同学们会把更多的精力放在学习上，更看重学习成绩，而我们体育生会因为大量的训练、比赛占去很多时间，所以在文化课上就没有其他同学学得那么好，因此自信心和自豪感没有那么强。

美国的中学教育比较重视体育，体育好的学生在学校很受欢迎。

美国每个学校都会有自己的校队，有非常完善的联赛体系，能进AAA的球队就是非常棒的了。当时我就读的是美国一所教会学校，我们代表学校去打联赛取得了冠军，回到学校后，大家都把我们当明星一样看待，因为你是为校争光的英雄。每次有重要的比赛像橄榄球、网球、冰球的比赛，通告都会在学校的社交媒体上发布，同学们也会根据喜好去观看自己喜欢的比赛，去当拉拉队员，所以体育好的学生特别受欢迎。

在美国，学习和运动是结合起来的，我们是上午学习，下午打球，如果你学习成绩不好，考试不及格的话，教练就会停止你的训练，他会和你说，把学习弄好了再来训练。停止训练对于体育生来说是一件特别丢人的事，所以我们会削尖了脑袋把文化考试考过，其实只要努力都能考过。不被停训是我们学习的一种动力，有了这种动力，学习自然也就上去了。教练坚信，体育生绝不能是傻子，因为一个傻子、一个逻辑思维不强的人是打不好球的，而逻辑思维是从理科的学习和训练中获得的。这就是为什么说脑子好使的人、学习好的人才能把球打好，更多的时候它拼的不是蛮劲，而是战术。

之前国内学习好的和体育好的学生像是在两条道上奔跑，没有交集，现在体教融合后，有了很大的改变。

很幸运中国的教育从应试、技能转向了素质教育。我们需要有天赋的科学家，也需要能拿金牌的运动员，但是我们更需要的是大批具有健康的体魄、良好的心理素质以及拥有一技之长的、快乐的、热气腾腾的普通人。我们也在从"运动员大学生"逐步向"大学生运动员"转化，不再只顾训练不注重文化，而是文化和体育齐头并进，在大学生中培养优秀的运动员，在运动员中培养高素质的大学生。

奥运羽毛球混双冠军高崚，目前是北京交通大学体育部教授，也是2023年成都大运会中国羽毛球队的教练之一。成为教师之后参加这种大型运动会，高崚感到一份荣誉感和责任感，她对于今后有更多的大学生能够通过选拔赛参加到世界大型运动会当中有了更多的期盼。高崚说道："他们各自表现出了大学生的青春活力和应有的风采，在场上出现各种困难的时候，都展现出比赛不到最后一分不放弃的精神，期望学校里有体育特长的学生今后也可以参加到这样的比赛当中。"

2023年刚刚结束的两会，出现了很多的"体育好声音"，体教融合成了热点话题。是的，运动是为了更好地学习，而学习则是运动能力的关键。体教融合是一条漫长的道路，尽管中考体育会让我们感慨"体育怎么也变成了应试？"，但随着体育考试项目的广泛化和科学合理的安排，每个孩子都可在自己喜欢的两三个运动项目上做选择，慢慢地青少年体育运动就会在校园里蔚然成风，孩子们会从被迫应试转向主动迎接挑战。虽说把孩子从课桌上、题海里、游戏中拉出来需要时间，但只要我们坚持，一定可以扭转局面，因为运动本身就拥有让你无法抗拒的魅力，它会让更多的孩子充满朝气和活力。

体育老师聊聊你不知道的事
　　——体育老师之我见

　　思学今年上高中了，回忆起自己小升初、初升高的每个阶段，他觉得过渡得最平稳的就是体育课，最喜欢的老师毫无疑问也是体育老师。这大概是很多男孩子的共识吧。你问他为什么喜欢上体育课，他回答得可直接了："不用写字，不用死记硬背，课堂上的任务就是玩，集体玩，分组玩，课后作业就是自己玩。我轻而易举地就能完成而且还是优秀，所以我生病的时候最怕耽误的就是体育课。"

　　问到他体育课具体怎么好玩时，他回忆说："最有意思的是小学的体育课。记得有一节课是跑步。老师先让我们热身，我们被分成两组，一组做动作，一组挑毛病。挑毛病的那组挑得可认真了，逼得我们这组不得不一丝不苟地做，然后我们再互换，这中间我们也从头到脚都活动开了。然后是跑步比赛，我们被分成四组，老师把距离设置为两段，跑到第一段后投球，然后再跑过去捡球，再折返回来，跑回原点。现在想想这就是基本的跑步训练，但当时我们小不知道，就是觉得这个游戏特别好玩，我们就像脱缰的小野马一样奋力奔跑，用尽全身力气投球，就是不想让自己的小组落后。这个游戏可以说是考验手、脑、眼、腿的协调性，在比赛中锻炼了同学们的速度、投掷力和队员之间的配合度。最后的部分是奖惩，赢的组奖励跳绳，输的组罚爬跑折返。老师还趴在草地上给同学们做示范，告诉同学们怎么爬又快又不受伤，看着输的那队在草坪上爬跑，我们真是开心死了。最后，老师把我们都召集起来坐在草坪上，帮助我们分析今天做得对和错的地方，让我们下次改正。下课铃声响了，我们都久久地不愿离开体育老师。"

一堂体育课能让孩子多年后回忆起来依旧记忆犹新，可见体育老师的良苦用心。

要想让孩子们都动起来，喜欢体育，爱上运动，这和体育老师的敬业态度和教育素质是分不开的。这次我们有幸采访到了北京的小学、初中、高中的三位在职体育老师及体育负责人，他们分享了很多不为家长所知的知识、信息和教学心得。我们希望家长能从中更真切地了解到学校里体育教育的真实情况，对您在家庭中辅导孩子体育有切实的帮助。

小学——抓住孩子运动敏感期

我们采访的第一位体育老师是北京市西城区育翔小学的德育主任兼体育老师谷丰。我们真的太幸运了,他的讲解让我们对中国体育教育有了一个崭新的认识。

一、孩子是有运动敏感期的

我是育翔小学唯一一个把学生从小学一年级带到六年级的体育老师。之后体育老师就分年级带,有的带一、二年级,有的带三、四年级,有的专带五、六年级。因为跟着孩子走过六年,见证了整个小学阶段,我看到了一些问题。比如很多家长因为缺乏对体育常识的了解,盲目地让孩子去学某一项运动技能,从而忽略了孩子在某一个阶段需要掌握的运动能力,也就是错过了孩子的运动敏感期,这让我们老师感到非常惋惜。

孩子在五至七岁的时候,是协调、灵敏敏感期。

这个阶段,孩子最应该掌握的是运动中的协调性、灵敏度,那么这个阶段最重要的是位移的练习,而不是力量的训练。

一、二年级的孩子应该掌握的是基本运动能力。我反对家长在这个时候让孩子练专项，比如篮球、足球，这是家长把自己的意愿强加给孩子的一种做法，这个年龄段的孩子还不是特别清楚自己喜欢什么。这个阶段应该培养孩子的基本运动能力，走、跑、跳、投，比如足球二过一的能力、传球的能力、基本位移能力。

孩子在八至十岁的时候，是速度的敏感期。

三、四年级的孩子要练体能。体能素质具备了，会有助于他的专项练习。现在有一个现象，五岁开始练篮球的孩子到了六年级的时候不一定打得过五年级十一岁才开始练篮球的孩子。假设他从五岁就练运球投球，忽略了其他基本运动能力，即便他球运得特别好，投篮投得特别准，但他跑跑不动，跳跳不高，运动上限比较低，很有可能打不过刚学不久但基本运动能力特别强、体能又好的孩子。

十至十六岁，是力量敏感期。

五、六年级要练专项运动能力。他有一、二年级的基本运动能力又有三、四年级的体能素质，这时候就可以做专项运动能力练习。五年级以前叫田径活动，五年级以后才叫田径，田径就有比赛，我们要教学生比赛的东西了，我们常说的"学、练、赛"——教会，勤练，常赛。

所以我要提醒家长们，不要在孩子五六岁的时候把他往兴趣班一扔就不管了，而是要知道这个机构在教篮球的时候是不是顾及了孩子的基本运动能力。篮球、足球它只是一个载体，我们要通过这个载体来锻炼孩子该发展的基本运动能力。孩子未来的运动发展是有高度的，孩子的上限有多高取决于下限基础有多好，下限不能太低，也就是说基本运动能力要强。

二、孩子练体育是为了什么

家长要知道让孩子练体育的目的是什么。是为了增强生活技能、娱乐技能，还是为了培养一项专项技能。

如果是为了增强生活技能，那么孩子能用这个技能帮助到自己和他人就可以了。比如游泳，学会以后一旦发洪水了可以帮助你逃生；学骑车，不远不近的最后一公里扫个码就能骑走；学打羽毛球、乒乓球，长大后周末陪伴老爸可以和他一起打个球解解闷儿。如果是这种技能的培养，一周训练一次就可以了，主要以实用、培养兴趣为主。

如果是发展娱乐技能，就是以后在工作中，孩子可以通过这个技能来结交朋友，用娱乐的方式促进关系的发展，比如学习打高尔夫、网球、篮球。在孩子学习、工作有压力时，可以用它来释放自己的压力，这种技能叫娱乐技能，一周训练两三次就可以了，练得好些，有场合的时候可以炫耀一下，相当于有一技傍身。

如果是为了培养专项技能，就是想让孩子成为这个项目的运动员，那就每天都要练，可能还要去体校练。所以家长让孩子练运动项目的目的，决定了孩子练习的频次和难度。运动目的取决于家长和孩子的共同意愿加上孩子的能力与天赋。

三、现在小学的体育课怎么上

我们学校的体育课是非常有意思的，孩子们特别喜欢上。我们在课堂上有角色扮演，不仅让孩子当运动员，还会让孩子当记分员、裁判员，孩子可以体验一场赛事的各种角色。我们还会有体育欣赏课，让孩子们看得懂比赛。我们父辈一代看比赛大多是在看热闹，比如2008年的北京奥运，刘翔一退赛，鸟巢一半的人没了，大家来看什么，就是来看一个人。现在我们要教孩子看门道，你看的不是刘翔得第一，你看的是刘翔几步上栏，他的攻栏时腿的动作，你看的是他中间的衔接步是什么。

我们不仅要教孩子欣赏体育，还要教孩子如何在运动中克服困难，如何学会团队合作，如何看待输赢。现在的孩子都特傲，自己好了就会看不起别人，而且一点苦都吃不起，这些内容都是我们要在体育教学中灌输给孩子的，这才是体育教育。

当然老师的人格魅力和教学水平决定了孩子体育课质量的好与坏，现在不是什么人都能当体育老师的，这个职业的专业性非常强。另外，你除了有专业，是否还有对教学的激情，对学生的热爱，这些都很重要。比如体育老师知不知道这个班里的孩子有几个在外面学篮球、足球、羽毛球，你要想方设法把学生在外面学的东西用在课上的游戏、竞赛中，这样孩子就会非常喜欢上体育课。否则有的学生就会觉得校内的体育课就是小儿科，有的学生觉得体育课太枯燥。最后，我们再告诉孩子你还缺什么，还要练什么，这样孩子就会很服你，也会好好练。

我认为现在的体育课挺高级的，没点真功夫还真当不好这个体育老师。作为主管老师，我不认可那种不出汗、没对抗、没比赛、没竞争的体育课。今后的体育课含金量会越来越高。

四、体育也需要家校融合

现在都讲家校融合，家长们会去学校找班主任，找语、数、外的任课老师了解孩子的学习情况，但几乎从来没有家长找体育老师来了解孩子的运动状况。虽然我记不住所有的学生，但我一定能记住体育不好的学生，他们是我要去解决的"问题"，所以我经常会在孩子们放学后跟着他们出校门，主动和来接孩子的家长聊几句，了解孩子在家里的运动状况以及他们的家庭环境。

现在的家长对孩子的家庭体育教育还是很缺乏的，观念中存在很多误区。比如：小时候砸钱、花时间就可以让孩子走专项当职业运动员，当上职业运动员以后就可以挣大钱；根本不关注孩子的运动状态，运动完回家就是学习或者打游戏；一说锻炼什么运动都上，一百六十斤的大胖子，让他打羽毛球，这对膝关节的损伤有多大，根本不考虑也不知道。其实这些运动常识家长是需要了解、知晓的，孩子适合练习什么项目也需要和体育老师沟通，体育也要因材施教。

所以家校融合一定要把体育放在里面，喜欢体育和不喜欢体育的孩子在十年后会有很大的差别。青春期抑郁的孩子很少有喜欢体育的；喜欢体育的孩子心态会比较好，比较阳光，抗压能力也会比较强。

五、大众体育的发展一定是家庭运动的推广

现在我们提倡发展大众体育，不是说要去堆那个金字塔尖，而是要形成一个大的金字塔的底托，把基数做大，金字塔尖就自然形成了。你看美国的NBA，一般都是高中才能去参加选秀。虽然科比是高中出来的，但大部分是大学出来的，所以美国的校园体育做得特别好。而在中国，很多出成绩的运动员是在很小的时候就进体校了。因此我们不缺金牌选手，但是大众体育不够普及，优秀运动员的素质不够高。所以我们现在开始要做基数，而大众体育的基础是家庭运动的推广。

我们提倡学校锻炼一小时，家庭锻炼一小时，而不是父母把孩子往兴趣班一放，就不管了，回家自己开始刷手机。孩子接回来，首先问问孩子今天学了什么，爸爸能做吗，家长如果能和孩子互动起来，这样孩子就会惦记着回家练习，因为可以和爸爸一起玩会儿，这种互动不仅完成了体育家庭作业，还增进了亲子关系。父母亲的生活方式对孩子的成长有很大的影响，父母亲如果非常自律，热爱运动，孩子一般不太会沉迷游戏。

全民体育一定会越来越好，全民体育最大的受益点是大家获取了健康的生活方式。您发现没有，现在吸烟的人越来越少了，健身的人越来越多了；去 KTV 唱歌的越来越少了，陪孩子运动的家长越来越多了；应酬喝大酒的越来越少了，去球场打球的越来越多了，这是一个非常好的现象。

初中——中考准备要趁早

我们采访的第二位老师是北京市西城区三帆中学的体育老师季永琪，中考体育是目前家长最关注的问题，我们在前文已经把中考必须知道的信息罗列给大家了，这里不再赘述，只讲讲季老师的教学心得。

一、中考准备要趁早

初中体育教学的重点是在保证中考体育成绩的基础上，通过多样化的体育活动，让学生爱上体育，争取让每个学生都能在毕业时掌握一到两样运动技能。

我们先来说中考的准备，之前只有初三才考体育，很多学生是从初三才开始准备的，这导致你主观上再努力也拼不过从小练体育的孩子，人家的体能在那儿摆着呢！所以练体育不能临时抱佛脚。再说，国家提高中考体育的分数，不是为了应试，而是为了让孩子从小参加运动，强身健体，所以现在才有了小学四、六年级的体育过程性考核。退一万步说，即使现在已经上初中了，我们只是为了中考拿到好成绩，那也要从初一就开始准备。

什么样的孩子体育好呀，那些在小学阶段就养成了好的运动习惯，在运动上获得了成就感的学生，他们上中学后会更加喜欢体育。

二、体重超重的危害

很多家长没有意识到超重、肥胖对孩子身体造成的危害，本该带孩子运动的年龄，却整天带着孩子好吃好喝，上初中一年级，体重已一百七十多斤了。家长看着孩子长这么胖也着急，又不知道正确的减肥方式，有的仅锻炼，有的仅节食，结果效果都不太好。所以我们现在也会给学生普及健康常识，树立正确的认知，这就是理论笔试部分的意义。

另外我们发现"小胖子"不仅在体育运动上不行，在其他科目上也不行。原因就是他懒，懒得动，懒得思考，懒得写作业，他们不是坐在那里发呆，就是坐在那里打游戏。而那些爱运动的孩子，精神头十足，学习时体力也跟得上。其实孩子一天从早到晚真的挺累的，"小胖子"一回家肯定就不动了，学习上也不太自觉，写一会儿作业，打一会儿游戏，发一会儿呆，一晚上就过去了。睡得还挺晚，早上又起不来，一天浑浑噩噩的，上体育课时浑身没劲，啥都不愿意练，这样久而久之就形成了恶性循环。

所以我们强烈呼吁家长在小学阶段就要重视孩子的肥胖问题，关注体重，否则会导致孩子上了中学后要付出比一般同学多几倍的努力才能达标，而他从小养成的这些坏习惯又使他没有这个能力和毅力去付出这么多倍的努力，最后导致体育考试不达标，因此防患于未然很重要。

三、初中阶段摆正学习和运动的关系

有些家长认为，上了初中，课业增多，哪有那么多时间运动呀，把时间都花在运动上了，学业跟不上了怎么办？其实，现在的中学生，尤其是北京的中学生，往往体育好的，学习成绩也特别棒，所谓体育好，样样好。这主要是从小养成了动的习惯、吃苦的习惯、自律的习惯，好习惯一旦养成了，做任何事情都一样。当然我们不排除在智力、天赋上有不同。不一定都能上清华、北大，但大差不差，考个211、一本问题不大，他有一定的学习力和吃苦力。但"小胖子"就是既管不住嘴，也迈不开腿，体育课上注意力不集中，不勤奋，学习上也同样，懒得动脑筋，懒得记，懒得背。我认为运动是促进学习的，不是耽误学习的。打游戏结束后的孩子还会沉迷在游戏中，不太可能马上集中注意力在作业上，运动结束后的孩子写作业更专注，因此家长在运动上不必吝啬时间。

四、如何区别对待水平不同的学生

说实话,即使在再好的学校、再好的班级,学生也会有好、中、差之分。我们体育教研时会实行分层教学。对不同身体素质的学生提出不同的要求。给身体素质差的学生量身定制他们的目标,这些目标也是他们使使劲就能达到的。老师会不断地鼓励、激励他们,会对这部分学生下更多的功夫,费更多的心。如果还跟不上的,我们老师会在课下进行辅导,让他们就具体项目专项训练,所以在这点上也请家长理解、配合。如果遇到身体素质特别差或者特别胖的学生我们老师会和家长沟通,希望家长在校外也下点功夫。但说实话,一般也没什么效果,因为这类学生的家长往往不太管孩子,属于放任自流型,要不就是完全交给老人带。孩子的现状和家庭教育根本分不开。

高中——让运动成为一种生活习惯

我们采访的第三位老师是北京师范大学附属实验中学的体育老师陈力。

到了高中,运动已经成为很多学生生活习惯的一部分,它既可以锻炼筋骨，又可以调节心理压力。高中体育教学的重点在于培养学生的身体素质，关注学生运动技能的掌握。而在和陈力老师的谈话中，我们感受到更多的是体育学科的辅助和平衡作用。

　　我带的是高中学生，高中的体育会考，绝大部分孩子都能过。他们不像初中生有体育中考的压力，他们的压力来自高考的文化课，所以体育对他们来说完全是自觉自愿的事情。

　　但是我们经常在下午，会看到有学生在操场上打篮球。问他们怎么没去上课或者上自习，他们会说，学累了，有点学不进去了，出来打会儿球。我们学校的孩子都很自觉，老师给他们的自主空间也很大。这些孩子已经养成了很好的运动习惯，他们在学习压力、心理压力大的时候，已经会很好地利用运动来解压了，这让我们这些体育老师感到很欣慰。

　　高中生和初中生、小学生的最大差别是，他们的目标感很清晰，无论是学习目标还是运动目标，知道自己要干什么。小学体育老师要想很多方法调动学生运动的积极性；初中体育老师要带领学生备战中考，想尽办法提升学生的体育成绩；而我们，除了培养那些体育专项的学生以外，更多的是通过组织各种比赛、联赛，丰富学生校园生活，减轻学生的学业压力，放松他们的心情。

　　我有一个学生，并不是体育特长生，他的爱好是跑马拉松，每周给自己规定跑量、配速，即使高中学业负担这么重的情况下，他仍旧能每天严格按照规定跑。他还会自己通过论坛、视频等方式学习专业的跑步知识，并经常找我一起讨论跑步的技巧。这时候我们的角色发生了转换，我不是一个引领者，我更多的是起到配合和辅助的作用。

再举个例子，我们高中配有四五个专业的心理老师。现在的学生们思路都很清晰，也很爱惜自己，很会自救，他们不开心了，会去找心理老师，告诉老师最近发生了什么让自己不开心的事焦虑了，希望得到老师的开导。心理老师会让他们来找我，因为跑步能缓解焦虑。

您问练体育耽误文化课学习吗？不耽误。我们学校的各种体育比赛一个接着一个，有时候还有市级和全国的比赛。即使这样，您能看到，我们学生的学习成绩在全市还都是名列前茅的。

曾经我们在嘲笑别人数学不好的时候，会说："你的数学是体育老师教的吧。"于是大家哄堂大笑。这话源于很多人默认体育老师文化课成绩不好，头脑简单、四肢发达。十几年前即使在北京，也有很多体育老师是非体育专业出身或者找其他副科的老师代课。这足以说明体育教育在学校教育中没有受到足够的重视。

2016年，国务院办公厅印发了《关于强化学校体育 促进学生身心健康全面发展的意见》，《意见》引导全社会更加重视学校体育教育，并对学校体育课时和锻炼时间提出了具体要求。各地各学校在确保"每日运动一小时"的基础上，不断探索"体教融合"新模式。一位校长坦言："过去那种为提高学科教育质量，让体育课让路的现象正在逐步减少。"

人才培养，关键在教师。推动"体教融合"需要大力培养体育教师和教练员队伍。

随着社会的发展，教育的发展，我们逐步认识到体育中的科技含量非常高，需要专业性很强的知识来支撑。当今的体育老师，来自各个体育相关专业，受过专门的系统培训，并出色地掌握多项运动技能。他们可以在运动技术训练、运动习惯培养、运动项目规划、运动损伤预防等多方面系统科学地培养我们的孩子，而不再是简单地带着孩子做做游戏、跑跑跳跳。正如苏炳添所强调的："我是科学训练的受益者，科学性在体育教育工作中十分重要，科学的训练能够让体育运动更有成效，帮助青少年更好地成长。"

2020年10月，中共中央办公厅、国务院办公厅印发的《关于全面加强和改进新时代学校体育工作的意见》提出，建立聘用优秀退役运动员为体育教师或教练员制度。奥运冠军丁宁，在北京大学体育教研部担任讲师；奥运羽毛球混双冠军高崚，现在是北京交通大学体育部教授；百米飞人苏炳添也在暨南大学招收硕士研究生。优秀退役运动员担任体育教师，为学校体育教育提供了高水平的专业资源，为体育人才培养注入了生机勃勃的活力。

此外，在运动精神的培养方面，越来越多的学校强调"以体育人"，把体育中的公平竞争意识、规则意识、团队合作意识等德育内容融入体育教学，我们培养的孩子不仅要爱学习，还要爱运动，敢拼搏，有教养，能合作。

中国的体育教育任重而道远，愿孩子们越来越喜欢体育课，喜欢他们的体育老师。

孩子的运动兴趣需要被父母发现和点燃
——如何培养孩子的运动兴趣

李弘——国际象棋大师，曾经获得过很多国际比赛的大奖，现如今有了一家自己的少儿国际象棋俱乐部，专心培养有象棋方面潜质和兴趣的青少年。

我们的谈话从他的童年经历开始，他笑着对我们说，他的学棋兴趣来得还真有点不可思议。

"小时候的我实在是太淘气了，记得当时我还在上幼儿园，四五岁特别好动，一会儿都坐不住，就像有多动症似的，我妈妈实在拿我没办法，就托人给我找了师傅，想教我下棋，说下棋能磨性子，或许以后我就能安静下来，不再那么闹腾了，可我不愿意呀。

"记得那天,我妈软磨硬泡地把我拖到了师傅家,奇怪的是我一进门一下就被他家桌子上摆放的国际象棋深深地吸引住了,心想这是个什么玩具,又好看又神奇,太好玩了。那些棋子的造型非常有立体感,形象又生动。有的像马头,有的像堡垒,有的像教士,我的目光久久地停留在那些棋子上,不肯移开。师傅看到我痴迷的样子,就决定收下我,从此开启了我国际象棋的生涯。"

李弘教练的娓娓道来让我们听得入迷了,是呀,到底什么才能引发孩子的运动兴趣呢?是教练?是某一个场景?或许某一样东西,谁知道呢?

常言道:兴趣是成功的敲门砖。尤其对小孩子来说,兴趣本身就是最好的老师。然而,如何才能发现孩子的兴趣并将其转化为真正的热爱?面对多个兴趣班,我们又该如何割舍并做到对热爱的坚持?带着这些问题,我们开始了一系列的采访。

一、哪些因素会让孩子对某项运动感兴趣

1. 家庭中父母对孩子的影响

孩子最初对某项运动感兴趣很大程度上取决于父母。如果父母喜欢某项运动,或者父母从事与之相关的职业,将对孩子最初的兴趣产生很大影响。因为孩子在成长过程中,第一时间或长时间看到过、接触过这项运动,因此他对这项运动不陌生也不畏惧,就像身边某个常玩的玩具。

十一岁女孩于梓在采访中这样说道：

我的爸爸妈妈是在打羽毛球的时候认识并相爱的，后来他们结婚生下了我和我姐姐，姐姐是看爸爸妈妈打球长大的，我是看姐姐打球长大的。小时候我就在边上给姐姐捡球，捡了三年的球后，我就开始自己打球。我先是打过了妈妈，后来打过了爸爸，最后打过了姐姐，现在我是我们家里打球最厉害的人。如果问我为什么会对打羽毛球感兴趣，很简单，这个最熟悉，全家人都在打。当然我周围的一些同学他们打球是因为我，因为看到我在打，所以他们也去学了。

孩子在三至九岁这个阶段，最听父母的话，这也是父母对孩子最具影响力和最有话语权的一个阶段，家长如果能够把握好这个时机，运用科学的方法去引导孩子而不是强迫孩子喜欢上某项运动，那么孩子很有可能会为找到自己的运动兴趣打下良好的基础。

陈露（中国第一位花样滑冰世界冠军）在采访中这样说道：

我练花样滑冰最初是因为我父亲，是他把我引上这条路的。我父母都是职业运动员，父亲是冰球教练，母亲是一名乒乓球运动员，我们家算得上是一个运动世家吧。但是我们姐妹三个不是都从事体育事业，我二姐就喜欢弹吉他。我喜欢艺术类的运动，父母看到了我这方面的天赋就决定培养我滑冰。我从四岁开始就在露天冰场学习滑冰了，我爸爸在前面滑，我在后面跟着，无论是冰球还是花样滑冰最基础的都要学滑冰。所以说我后来走上花滑这条路还是受到父母的影响，尤其是我父亲的影响。

在采访中我们发现父母对孩子的影响非常大，原因有两点：

第一，孩子在潜意识里是希望和父母产生连接的，所以他会本能地去做父母经常做的事情，这样自己就能成为父母的样子。

第二，耳濡目染。父母经常做的事情他每天都看在眼里，记在心间，会相对熟悉，等他想做的时候水到渠成，特别自然，这就是影响的力量，家族的传承。

但为什么有的家长想让孩子干什么，孩子就偏不呢？那是因为很多家长自己小时候没做过这件事，特别向往，就把自己的梦想强加在孩子身上，让孩子去做，让孩子替自己去实现梦想，孩子当然就不乐意了。

2. 运动服装和用具对孩子的诱惑

我们在采访中非常意外地发现很多孩子最初喜欢上某项运动是因为被这项运动的服装和体育用具所吸引。虽说意外，但也在情理之中，零至六岁是孩子右脑发育的高峰期，图像、色彩对他们有特殊的吸引力。

金惊朗（北京某高中体育特长生）在采访中这样说道：

我小时候爱上冰球运动是因为冰球队员的那身衣服。当年，在西单地下商场里边有一个罕见的冰场，里面有几个孩子在那儿打冰球，我就觉得他们身上的那身装备特别酷，跟变形金刚似的，心想自己什么时候也能穿上这么一套衣服就好了。后来妈妈告诉我那是冰球服，想穿就得学打冰球，想打冰球，就得先学滑冰，问我愿意学滑冰吗。我说愿意。然后妈妈就给我报了一个滑冰的兴趣班。我记得我当时特别喜欢看动漫版的《速度与激情》，里面有个闪电麦昆，他的队服是 95 号，为了能和他靠近，选队服时我专门挑了 92 号的队服，一直到现在我都是 92 号。所以现在回想起来，我还挺感谢那次在西单的偶遇，冥冥之中早有安排吧。

无独有偶，国际象棋大师李弘教练这样说：

不光当年的我是被国际象棋的造型所吸引的，现在我俱乐部里的学生，也有很多是因为无意中看到国际象棋的图片，被那些棋子的马头、堡垒造型所吸引来到我的俱乐部学习的。

孩子因喜欢服装、用具而对一项运动产生兴趣是可以理解的，有的孩子因为喜欢击剑服而去学习击剑，有的孩子因为喜欢马术服而去学习马术。但是服装、用具的吸引力往往是暂时的，孩子一旦学进去，发现原来里面有那么多困难时，对服装道具最初的新鲜劲很快就会消失，最终还是会选择放弃的。如果孩子真的不再喜欢这项运动了，而且家长也看不出孩子在这方面有什么特别的天赋，可以选择及时止损，换一个孩子更喜欢的、可以点燃他内心热情的运动。

二、如何给孩子选择兴趣班

1. 盲目跟风会错失孩子的兴趣

在幼儿园或者小学校门口，我们常常会听到这样的对话。"××妈妈，你给孩子报了什么兴趣班？哦，篮球呀，那我也给孩子报一个吧！"跟风报班是一个特别普遍的现象。有的家长对自己的孩子学什么体育项目没有想法，一片迷茫。一来可能自己也不擅长体育，二来觉得大家都学，我们也别落下，于是别人学什么，就让自己的孩子也跟着去学。其实，这样有时会错失孩子真正的兴趣，反而浪费了时间。

王伟（跆拳道学员家长）这样说道：

不瞒您说，我自己对体育运动一窍不通，心想孩子也应该没有什么这方面的天赋吧，所以我只能跟风，看看幼儿园小朋友的家长都给孩子报什么班，我也报什么班。结果一问男孩都报了跆拳道，于是我也给孩子报了跆拳道。可是孩子练了不到三个月就死活不去了，一问原因，说是踢不过那些小朋友。后来我问他那你想学什么，他说他想学拉丁舞，说下课的时候看到隔壁教室有小朋友在跳拉丁舞，觉得特别帅。我当时就想，你一个男孩子学什么舞蹈呀，万一跳着跳着跳出个"娘娘腔"怎么办？可是孩子坚持，他说如果不让学拉丁舞，他就什么都不学了。

无奈之下，我只好给他报了个拉丁舞班。不过，报名前我对他说，这次是你自己非要去学的，那以后无论遇到什么困难你都不能放弃，必须坚持下来。他答应了，结果他现在跳得非常好。老师说他身体柔韧性好，乐感也不错，是班里男生中的佼佼者。后来，我也想明白了，他喜欢跳舞，也不是没有原因的，可能和我喜欢音乐有很大的关系，舞蹈是体育和音乐相结合的一项运动。我挺庆幸自己最终还是听从了孩子的内心意愿，同样都是付出时间和辛苦，但他付出得很开心。

家长跟风报班的结果有两种：一种孩子误打误撞地入了门，结果很喜欢，学得也好，那便是皆大欢喜；还有一种，孩子学着学着就不想学了，因为没有天赋，没有兴趣，因为别的同学比自己学得好，因为枯燥乏味，没意思，因为训练太苦，总之，各种原因不干了。此时，家长没必要一味地要求孩子一定要坚持，不必要的坚持有时是朝着反方向奔跑，费时费力还没有成效。

2. 多项尝试后的理性选择

如果没有什么特别的机遇让孩子爱上某项运动，那么家长可以在最初的时候给孩子多尝试几个项目，在几种运动项目中做比较，选择孩子最喜欢的一个。比如说，易烊千玺、王一博，他们都是在小的时候上了无数的兴趣班，最后选择了街舞。

朱洁（北京中国网球公开赛体育推广有限公司客户服务高级经理）在采访中说道：

我一开始给孩子报了八个兴趣班，有六个是和体育相关的，有击剑、橄榄球、跆拳道、游泳、网球、轮滑。我是这样想的，有一些技能你是必须要会的，以后生活中用得着，像游泳，你学会了就可以过了。有一些是要坚持、晋级的，那这里面如果孩子天赋不好，或者家长资源不够，他不出成绩也就自然被淘汰了，这个时间不会太长，三个月就测试出来了。

我是搞网球运动的，在这方面有些资源，所以孩子也就在这项运动中坚持的时间最长，最后当作了一个最大的爱好。我们常提素质教育，其实素质教育最终就是艺术教育和运动教育，而这两大块有时又是相辅相成的，比如我家孩子学游泳和吹单簧管，游泳游得好，肺活量就大，肺活量大、气长，吹出来的声音就好听，所以艺术和体育并不矛盾，素质教育和技能教育也不矛盾，素质教育讲究的是宽度，技能教育讲究的是深度，它们是相互作用的。

可以给孩子试错的机会，但这样的时间不能太长，一般三个月足够了。因为经过一段时间的尝试，孩子的很多天赋会在生活、训练中自然显露出来，比如速度、耐力。优势的部分一般来讲会是孩子的兴趣所在，家长不必着急，要做的就是细心观察，发现孩子的优势潜能，继而进一步深耕。

王丽萍（奥运竞走冠军）在采访中这样说道：

家长给孩子报兴趣班时千万不要盲目跟风，什么橄榄球、滑冰、马术样样都来，什么流行、什么时尚学什么。孩子如果经历多种选项，多次放弃，就会很容易产生半途而废的想法，他总会觉得下一个更有意思。

我认为具体的办法是，家长可以给孩子列出十个运动项目，让孩子自己去选，然后选出五个他喜欢的项目，带他去尝试。经过五六次的尝试后家长再从中选出一两个孩子喜欢并且玩得好的项目，选好后就要和孩子谈话做心理建设，要求孩子坚持。这个时候，孩子就不能说我又不喜欢了，即使遇到困难也要坚持。一般来说，小孩子的持续性并不是很强，遇到困难时畏难情绪会很重，这时候考验的更是父母。每个运动项目都会有乐趣，但同时也有枯燥的部分，这个时候家长要让孩子知道每一次选择都不是随随便便的，是要负责任的。

在选择兴趣班的问题上，我们要以孩子的兴趣为出发点，以天赋为衡量标准，秉着"普遍撒网，择优录取"的原则，一旦选中，决不轻言放弃。在运动这个领域里，深耕的作用是无比巨大并显而易见的。

三、明确兴趣和热爱、天赋和努力的关系

兴趣 VS 热爱

兴趣可以割舍，热爱将伴随终身。

兴趣是点燃孩子对一项运动的喜欢，热爱会让孩子执着于这项运动；

兴趣可以割舍，热爱不能放弃。如何把兴趣转化为热爱呢？一方面看孩子的意愿，另一方面根据专业人士（教练）的评估。当孩子的天赋与热爱发生冲突的时候，尊重热爱，尊重孩子的内在意愿，因为天赋可以让孩子胜任这件事，但热爱却可以让孩子在这项运动或职业中获得真正的幸福感。天赋是老天给予的一份礼物，热爱则是一种内在的驱动力。

但客观地讲，在竞技体育领域，很多时候是体育选择人而不是人选择体育。比如体操，你的身高、柔韧性起着至关重要的决定作用；比如短道速滑，你的爆发力、速度是前提条件。因此练到一定程度能不能走专业这条路，很多时候受限于个人的先天条件，在这种情况下，我们只能顺其自然，听天由命了。然而即使由于先天条件的局限孩子不能走专业这条路，不能做到行业顶尖，也没有关系，因为无论孩子是否能成为专业选手，热爱都将成为他们今后生活中的宝贵财富，它可以引领孩子今后做与之相关的工作，这样孩子也会觉得很幸福。

天赋 VS 努力

天赋和努力同样重要，但是站在金字塔塔尖的一定是更努力的那群人。

奥运冠军往往不是最有天赋的那个。

在这个问题上，邢傲伟、陈露在采访中不约而同地说了同样的话。运动和艺术一样都是需要天赋的，但天赋极高的人并不一定具有相应的勤奋。勤奋不光是一种态度更是一种能力，说它是态度，因为它包含了人的强烈意愿，说它是能力，因为它包含了精力、体力和毅力，只有那些天赋异禀又极其上进、勤奋的人才能走到金字塔的塔尖。

我们的孩子不一定都要去当世界冠军，但在培养运动兴趣这件事上，家长也要明确找到孩子自身的优势领域，并坚持不懈地在一个项目上下功夫，功夫下到了，孩子基础的运动能力有了，再玩其他项目就会很快上手。所以，贵在持续的努力。

四、针对不同兴趣，如何激发孩子的自驱力

想让孩子坚持一项运动，首先要激发孩子的兴趣，点燃他的欲望，这件事的技术含量还是很高的，因为每个孩子的驱动力开启的方式不同。

有的孩子自我驱动力非常强，他会很明确地告诉你他喜欢什么，不喜欢什么，他喜欢的项目，他会全力以赴，他不喜欢的项目，他会全力应付。这时候家长要做的就是调整心态，想想如何让你的意愿和孩子的意愿达成一致。如果孩子内心强大，态度强势，家长要放下权威说服自己尊重孩子的意愿，这样你们才可能目标一致地去共同努力，否则大量的时间都会耗在不同的方向上。

如果孩子目标感不是很强，自我驱动力也不是很明显，但他们很听话，家长让干啥就干啥，这就非常考验家长的智慧。如何给孩子选一个适合的项目，家长需要一定的眼界、认知和判断力。只要家长选好项目，定好目标后，下指令给孩子就好了，这种孩子灯不点不亮，一点就灯火通明，并且他们会有很好的耐心坚持下来。

如果孩子运动天赋很好，玩什么都不错，导致他不知道该选什么，样样行，样样松，家长一定要帮助他们锁定目标，做出选择，割舍是痛苦的，但必须要有，放弃是为了更精准地追求。

总之，作为家长，我们一定要多做功课，在生活中多观察孩子，多和孩子沟通，让孩子少走冤枉路，在有限的时间里取得最大的成效。

冬奥会时曾经有个帖子说得很有意思——为什么海淀的家长培养不出谷爱凌，因为海淀的家长太看重结果，让孩子学一项运动的时候，不是考虑兴趣、快乐，而是更在乎专业性，必须找最好的教练进行规范训练。这个想法没有错，但是那个高水平的专业教练孩子喜不喜欢、接不接受，他能不能燃起孩子对这项运动的兴趣，这部分也很重要。

父母如果不能做孩子运动生涯的引路人，至少不要做孩子运动道路上的绊脚石，有时您错误的判断和选择会扼杀孩子刚刚点燃起来的兴趣火苗。激发兴趣、保护热情在最初的选择上尤为重要。

最好的教育不是灌输而是点燃。每个孩子都是独特的个体，他们有不同的兴趣、天赋和意愿，我们要尊重他们的选择并引导他们去实现自己的梦想。成功不是终点，而是生命旅程的一部分，成长才是家长和孩子需要持续获得的财富。

孩子运动不要半途而废
——深耕是运动的必修课

下午3点半左右,学校门口站满了前来接孩子的家长。有的三五成群在一起谈论着什么,有的伸长脖子不断朝校内张望。

川川的妈妈丽萍站在不起眼的角落,用手机处理着工作,不时抬眼望向学生出口的方向。终于,她看见川川了,于是赶忙收起手机朝孩子招了招手。满脸兴奋的川川从人群中挤了出来,熟练地打开妈妈汽车的后备厢把书包扔了进去,然后一屁股坐到堆满零食的后座上,拿起妈妈给他准备好的面包、水果吃了起来。丽萍对儿子说:"吃好了抓紧睡会儿,今天有点堵车,估计要五十分钟才能到。"随后她发动汽车,前往位于北五环的跆拳道馆。

川川今年十岁,是北京市海淀区某小学四年级的学生,跆拳道黑带选手，已经加入全国运动员系统，成为在北京市全运会打比赛的运动员。丽萍从川川三岁开始，每周接送孩子学跆拳道，风雨无阻，从不间断。丽萍笃信"一万小时定律"，她经常对川川说："人们眼里的天才之所以卓越非凡，并非天资超人一等，而是付出了持续不断的努力。只要经过一万小时的锤炼，任何人都能从平凡变成超凡。"

川川不算是特别聪明的孩子，但是他从小依从性就特别好。跆拳道学习对于小孩子来说是特别苦的，前滚翻、侧手翻、太极一章、单手翻、踢脚靶、抱膝跳……不同的道法都需要不断地苦练。当然最痛苦的就是劈叉，无数个横叉和竖叉都是在泪水中完成的。

七年的学习，多少次她和孩子都快坚持不住了，刚想放弃，就想起教练对川川的忠告："你每学会一个动作就像是爬上了一层楼梯，新的动作就是给自己搭建的新阶梯，你看你的楼梯已经从一层搭到十几层了，这是多么了不起的成绩，不要放弃呀，爬到楼顶，你就能看到别人看不到的风景了。"

川川把教练的话深深记在心里，夜以继日从不懈怠，他的努力也确实有了显著的回报。孩子从小练就的童子功是长在身上的，这个无法速成，全靠时间的积累，别的孩子想追也隔着七八年的时间呢，在同龄的孩子里川川几乎就没有竞争者，因为他一直在坚持。这样扎扎实实练出来的成绩也给了川川父母一颗定心丸，在丽萍的脸上看不到一丝海淀妈妈的焦虑，反而是胸有成竹的笃定。

川川特别有集体荣誉感，那是因为妈妈经常教育他：你出生在一个伟大的国家，成长在一个最好的时代，你就是为了中华民族的伟大复兴而读书的，这是你的使命。你得来的每一块奖牌、每一份荣誉都不仅仅是你自己的,也是你们班的,你们年级的,你们学校的,是大家共同努力的结果,所以你要特别感谢周围的人。

很多孩子练一个运动项目,练到一定程度的时候就练不下去放弃了,半途而废在孩子学习运动项目中非常常见,几乎是个通病。这是什么原因造成的?我们家长又该如何帮助孩子克服这个难题呢?

一、孩子为什么会半途而废

说实话,没有一个孩子在开始学习某个运动项目的时候就想半途而废,他们都想坚持,也都信誓旦旦要练出成绩,那么,是什么原因导致这么多孩子学着学着就放弃了呢?

一般来说,会有这样两种情况:**一是枯燥**。练体育没有捷径,想要练好基本功,一个动作需要成百上千次地反复练习,这对于一个各方面都还在发展中的孩子来说是非常无趣的、乏味的,当最初的那股新鲜劲儿过去了,孩子就会不想练了,想去寻找更有意思的事情。**二是难度大**。当训练的难度加大后,孩子一开始是做不到的,这样就常常会有挫败感。失败会让人感到沮丧,不要说小孩子,就算是成年人也愿意在自己容易取得成绩的领域多努力,于是小孩子就会"移情别恋"转而投向另一个简单的项目。

六岁的帅帅是一个特别好动的孩子，妈妈问他喜欢什么运动，他脱口而出："篮球。"他曾经看到 NBA 球星科比的扣篮动作觉得特别帅，心想自己要是也能像科比那样该多好。但是等到帅帅真正练起来时，才发现原来这么不容易。篮球要练运球，一个动作几百遍地练，实在是太没意思了，不到一年帅帅就放弃了篮球。后来北京举办了 2022 年的冬奥会，帅帅看到很多小朋友去滑雪，他又想学滑雪，妈妈又给他请了滑雪教练，但是没练两次，他又觉得滑雪太难了还有危险，于是又换成打羽毛球。两年的时间换了八项运动，最后一个也没坚持下来。

孩子的天性让他们"善变"，在遇到困难的时候容易退缩，他们不可能长时间注意力集中在同一件事情上，他们会对一成不变的事情失去耐心和兴趣。在遇到困难的时候容易退缩也实属正常，那么我们家长该如何引导他们渡过这些难关呢？

二、如何陪伴孩子度过瓶颈期

作为家长，当然是希望孩子能把自己喜欢的，并且已经选择的这项运动持之以恒地学下来，但是大部分孩子学着学着就折在半山腰上了，这让做家长的非常懊恼，因为在半山腰的时候是最难受的，进也不是，退也不是。选择继续坚持吧，你和孩子都以为他的能力达不到了，训练的枯燥、艰苦、成绩的不尽如人意，让灿若夏花的青春望而却步。选择放弃吧，虽说这么多年的积累都白费了会心有不甘，但会说服自己，我没有天赋，换个项目或许会更好，因为放弃总比坚持更容易做到。

而实际上，那或许只是一个瓶颈期，闯过去，就会一片光明，因为迈过这个坎儿，就意味着你已经走过了一半的路程，当走过一半以后，你差不多已经找到了训练的规律和方法，再一步步往前走就是了，胜利就在前方，那个艰难时刻，其实就是破茧成蝶"破"的那一刻。此时，家长的抉择、陪伴和采取的教育方式就显得尤为重要了。

1. 遍地开花既浪费时间又浪费钱

陈露（中国第一位花样滑冰世界冠军）在采访中这样说道：

> 如果非要我说冠军妈妈和普通妈妈有什么不同，那就是我更注重坚持的力量、深耕的作用。体育其实就是浓缩的人生，它可以锻炼出孩子的很多品质。
>
> 家长的做法中有一点我个人不是很赞成，那就是让孩子学习的项目遍地开花，这既浪费时间又浪费钱。开始的时候你可以让孩子多尝试几个项目，但一年后，你就要给孩子做减法了，一定要有一两个深耕的项目，因为只有深耕，孩子才能从中真正受益，得到全方位的锻炼。
>
> 任何事情做到一定程度都会遇到瓶颈期，人都会本能地想放弃。比如我女儿有一阵子想放弃滑冰改学唱歌，我就对她说，你想唱歌是吧，那你从现在开始每天三个小时唱歌、弹琴，因为你要做这个，那就不能像现在这样一周上两堂课，就不是这个状态了，而是要全

力以赴地学，天天学这个，你觉得 OK 吗？她想了几天，有一天，她对我说："妈妈我想好了，我还是滑冰吧！"你看她自己就想明白了。所以我想对家长说，你能不能坚持这个是很重要的，太多家长都是因为心疼孩子，纵容了孩子的惰性，如果你希望他长大后能自食其力，那你就要在他小的时候狠下心来，因为做什么事想做好都非常难。深耕可以让孩子看到坚持的效果，如果做什么事情都是浅尝辄止，孩子也会变得心浮气躁，以后做事情成功的可能性也不会太大。

做一件事情，或者学习一个运动项目，孩子从中得到的锻炼是多方面的。有一开始的新鲜好玩，也有中途遇到困难、瓶颈时的烦躁和挫败；有克服困难时所付出的辛劳和努力，也有最后获取成绩时的欣喜和自信。这一切只有体验了全过程，孩子的感受才是完整的，得到的锻炼才是全面的，如果每一项都蜻蜓点水，那不如不练。

2. 坚持的关键是激发孩子的自驱力

10 后的孩子，生活相对富足，不管是吃的、玩的还是旅游，想要什么很快就能得到满足，很少有那种需要努力很久才能实现愿望的情况。有不少家长在培养孩子的过程中发现孩子什么都不缺了，反而什么也不想要了，目标感很低，更多的是摆烂心态。很多教练在带孩子练习的过程中也有切身的感受：孩子不会跟自己较劲，教练让我练我就练一会儿，动作没做到位或者总失误也无所谓；如果教练严厉批评或者训练量加码了，索性就不练了。教练和家长都迫切地想要找到激发孩子自驱力的方法。

的确，激发孩子的自驱力不是一件容易的事情。

首先，我们要知道所谓自驱力，是来自孩子内在的，而不是外部强加的。家长一味地用道理、奖惩和强制效果不一定好，有时还会适得其反。

其次，和孩子共情，设身处地站在孩子的角度去思考这个问题。很多家长不明白现在的孩子怎么不像自己小时候那么努力，怎么就会躺平、摆烂呢？因为你小时候没那个条件，你亲眼看到你家一点一滴的幸福生活都是靠父母的努力得来的，你知道只有更努力你和父母才能过上更好的生活，那种物质上的更好是肉眼可见的。现在的孩子会觉得好生活就是这样了，还能好到哪儿去，为什么还要去吃苦奋斗？两代人的动力不同，我们要帮助孩子寻找并激发他们这代人的动力，有了动力，才有目标，有了目标，才可能去吃苦。

最后，给孩子设定一些切实可行的小目标，并督促孩子去实现它。当孩子看到自己实现了一个又一个小目标，进而完成了大目标，取得了一定的成绩时，他便会对自己有信心。当再次遇到困难的时候，他就不会惧怕困难了，而是会认清困难，分解困难，最终逐一解决。

育儿达人年糕妈妈在分享带孩子打球经验时说道，年糕是在五岁的时候开始学网球的，孩子打到六岁的时候就不想打了，妈妈问他，你为什么不想打呀，你看我们和教练都约好了，教练在那里等着我们呢！可是他就是不想打，完全不顾及妈妈的苦口婆心，你说急了，他就躺在球场上一动不动。孩子这种"社死"的做法让年糕妈妈非常崩溃。

年糕妈妈想为什么孩子会不想学呢，一定是有原因的。于是，她开始自己下场学打网球，打着打着才发现打球真的很枯燥，她开始理解孩子，不再一味地给他讲道理和拉扯他，只要他不想打的时候，妈妈就开始上场打。这样母子的情感连接依旧在，孩子也不再那么抵触了。

年糕妈妈说，这个时候不能太在乎每堂课的得失，孩子摆烂会损失多少钱，而是要找到孩子打球的驱动力。年糕之所以后来又重回球场是因为他参加了一场比赛，由于前一段时间没有练习，比赛自然是输得很惨，这让他很没面子。当他重回球场时，整个人都变了，专注度完全不同于之前，每周都有进步。所以当孩子不愿意练的时候，不要强逼着孩子练，而要花心思去了解孩子真实的想法，激发孩子的自驱力，让他自己觉得这件事应该坚持下去。

三、坚持才能出成绩

虽然坚持很难，但有一句话说得好："做难事必有所得。"这个"得"狭义上说是成绩，广义上说是多方面的获得。

石良（十一岁北京市空手道运动员妈妈）在采访中这样说道：

我家孩子在空手道这个项目上一练就是六年，他现在已经是运动员水平了，一开始我们也让孩子尝试几个不同的项目，后来发现孩子喜欢空手道，我们就专心让他练习空手道。六年下来，他的进步是稳定的、扎实的，是一点点积累下来的，而这种积累也带给他很多的自信，因为他在空手道上取得的成绩不是别人可以取巧获得的。同伴们打游戏的时候他在练，同伴们睡大觉的时候他还在练，六年后他的一招一式，打出去的每一拳、踢出去的每一脚都带着自信、勇敢和笃定，这让我这个做妈妈的觉得这六年的光阴没有虚度。

深耕不仅让孩子的长板得到了充分的发展，也会将孩子的短板提高到中等水平，解决孩子的自卑心理。

王燕（某外企公司财务）在采访中也说道：

> 我家孩子在四岁时通过皮纹做过一次大脑天赋测评，发现他在律动方面比较差，肢体大动作的协调、平衡能力要低于一般的普通孩子。后来我们就让孩子学篮球，这一学坚持了十年，现在他十四岁了，被同学戏称他的篮球水平已经是年级天花板了。虽然孩子在运动这方面的基因、天赋不好，但是我们在他小的时候帮他把这个短板补上了，并且深耕了一段时间，效果还是比较明显的。每当他遇到困难，想要放弃的时候，我们就让他和比他差的同学打，他一下就能找到自信。我们知道孩子没有天赋当不了运动员，但现在篮球已经成为他最大的运动兴趣，短板变为长板了。他也因此很自豪，我们也感到非常欣慰。

研究表明，每个孩子的大脑都有十项能力——开创力、管理力、心像力、推理力、律动力、操控力、语文力、音受力、图像力和观察力，并转化为八大智能：语言智能、数学逻辑智能、人际智能、内省智能、空间智能、动作智能、音乐智能、自然观察智能。

孩子八岁以前尽量取长补短，八岁以后尽量扬长避短。但是运动和逻辑思维这两项如果是短板一定要补齐，其他看时间和资源。因为这两项对孩子的发展非常重要，它的优劣会影响其他能力的发展。

李明哲（某篮球俱乐部北京精英赛成员）的妈妈在采访中这样说道：

> 篮球训练时教练会跟孩子说，这就是一个熟能生巧的过程，没有捷径，就是练。不管是你的手臂姿势还是你的投球点，即使掌握了这些专业的知识，你还是得练，只有练到位才能够做到。你说体能好的人，先天条件好的，他是比你有优势，但这并不代表你没有机会。教练的这套说法已经内化成为孩子心中的信念。
>
> 我们孩子三年级之前学习成绩忽高忽低极不稳定，可是他不自卑，这也跟运动有关系。因为体育好，所以老师和同学都喜欢他，因为他有一些东西是别人不能超越的。比如他在三年级的时候一分钟跳绳就可以跳到两百个，运动会上也是一个项目才下来又去参加下一个项目，为班级争光，所以他就特别能在这些事情上找到自信。老师也会跟他说："你能像打每一场比赛那样认真、努力地对待学习，你学习成绩不会差的，只是时间问题。"老师的这句话对他来说很管用。他把这个逻辑贯穿于所有的事情。后来三年级他一下子考得特别好，他对我说："妈妈，我以前数学考七十多分那会儿，我们老师每次跟我说我其实是一个能考九十七分的人。我从来都不信，我觉

得他就是在骗我。后来我发现老师每次都特别相信我，运动会、比赛什么的都让我去给班级领奖，我就真的越来越相信老师对我的认可了。"后来他的成绩就一直很稳定。

现在他特别喜欢和身边的人讲《龟兔赛跑》的故事，这个故事对他影响特别大。无论是打篮球、弹琴还是做题，他觉得小乌龟就是他，只要我不停下来，我就在前进。今天这张卷子我只对了一半，那又怎么样，我现在就这个能力，我也不会太伤心。但我肯定不会停止的，我再做一张，我再仔细一点，我不停下来，成绩就会好起来的。

每个人的起点不同，能力不同，最后的成就也不同，但深耕能让孩子看到自己实实在在的进步和提高，不偷懒，不取巧。

四、尽量不让自己日后感到遗憾

孩子在坚持运动的过程中，会想到放弃，尤其是坚持了一段时间以后，看不到突出的成绩，便不想把时间、精力浪费在无谓的坚持中，青春年少时的冲动多少也会给日后带来一些小小的遗憾。

香港岭南大学的学生傅迈伦在采访中这样说道：

> 我从八岁开始打羽毛球，打了八年，后来突然有一天我就不想

打了，想改打篮球，因为打篮球，球场上会有很多的粉丝。青春期的男孩子在激素的作用下很向往那种很炫、很酷的感觉。

有了这个想法后我就和妈妈说了，妈妈让我认真考虑三天再和她说。三天后我还是坚持要学篮球，妈妈就同意了，她说反正是个业余爱好，还是我喜欢最重要，我的父母一直都非常开明，非常尊重我的意愿。但我从她的眼神中能感受到些许的失落，因为就像一个人某个工作干得好好的，再坚持坚持就能见到成绩了，突然提出要辞职去自主创业了，有点前功尽弃的感觉，但是妈妈还是尊重了我的选择。

但是你要问我后悔放弃打羽毛球吗，怎么说呢？应该是后悔的。因为后来我再也不碰羽毛球了，每次看到别人在打，心里就会有波动，会有种心痛的感觉，因为我知道我可能打不过他们了，甚至有可能会打不过那些普通人了，与其打不好，还不如不打。曾经我打得那么好，如果当初我坚持下来，那么今天它会成为一个让我引以为傲的技能。不过，一切都是最好的安排，虽然羽毛球我没坚持下来，但通过这件事让我后来不太会轻言放弃，因为那种痛体会过了，这就是成长吧。

坚持不光是一种毅力、韧性，更是一种极限的挑战。身体如果没有感受到过极限，灵魂不会得到升华。孩子若能几年、十几年地坚持做一件事，他一定是个了不起的人。

生命对每个人而言有宽度也有深度，两者皆需要。生命的宽度让你看到世界的多彩斑斓，但那不是你的，你做到的只是领略、看过，它会帮助你去更全面地理解和感知这个世界；但生命的深度是属于你自己的，你在一件事情上能坚持多久，体会就有多深，感受就有多透彻，成绩就会有多突出，哪怕那只是一件很平凡的事情。

让孩子在自己喜欢的事情上深入下去，伴随一生的不光有爱人还有爱好。

不同性格，不同调教
——体育也要因材施教

跳跳、豆豆、雨泽、盼盼是四个即将上六年级的女孩，因为面临六年级的中考体育过程性考核，这个暑假四个孩子都在体能机构里进行体能训练。

跳跳是中队长，她从小到大一直是个非常乖巧的孩子，在学校听老师的，回家听妈妈的。善解人意的她总是让大人特别省心。妈妈说："跳跳你跑步成绩不行呀，人家要求50米跑9秒2，你才跑10秒，妈妈得给你报个班练练，下学期怎么也得拿下这第一个10分呀！""好的，妈妈，听你的。"跳跳二话没说爽快地答应了，几次练下来，跑步成绩就达到了9秒2。

豆豆是个性格特别外向、活泼的孩子，妈妈叫她去体能班可费了老大的劲，因为豆豆不喜欢枯燥的体能训练。她喜欢有趣的、奇特的东西，她喜欢体育课上做运动游戏，喜欢参加各种比赛，即使她们队输了，她也不在乎，重在参与，好玩就行。现在要她在体能班这么来来回回地折返跑，还要掐表计时间她真是恨透了。妈妈想了两个办法：一是给她找了个颜值高、相对好玩的教练，然后和教练沟通，让老师上课时多来点"佐料"，一有"梗"，豆豆就开心；二是只要豆豆能把课上下来，回家就带她吃好吃的，外加打半小时游戏。这两点还是很吸引豆豆的，于是在妈妈的诱惑下，豆豆便"从"了。

我们再来说说雨泽，雨泽是个很上进、争强好胜的孩子，目标感特别强，在商量上体能班这个事上，妈妈没费太大的劲，就一句话："咱们小区的那三个孩子可都准备去上了，等开学一测试，她们都轻松拿下 10 分，上不上你自己定哈。"正在做小报的雨泽眼皮都没抬一下说："我当然要上。"妈妈暗自窃喜，她就喜欢竞争，她就喜欢赢。

最难搞的是盼盼，因为盼盼是个特别有主见的孩子，任何事情她只有自己想通、认可了，才能去做，问题是盼盼性格内向，又不喜欢竞争，激将法对她来说没什么作用。为了说服盼盼去上体能班，盼盼妈妈真是费尽了心思，从中考体育的重要性到身材管理的前瞻性，真是做到晓之以理、动之以情。盼盼听明白了，也想通了，这事就搞定了，至于后来上得顺不顺，盼盼妈妈不会太担心，因为盼盼一向是个非常自律的孩子。

从上面的故事中我们可以看出每个孩子都有自己的性格，家长如果能把握住孩子的性格特征，因势利导，那么就像打通了孩子的任督二脉一样，沟通起来会非常顺畅。

我们一般把性格分成黄、红、蓝、绿四种颜色，下面我们一一解读它们各自的特征，以及家长该如何利用孩子的性格优势来进行引导。

一、黄色（老鹰——看准目标快速捕获）

性格：外向型，做事快节奏、以目标为导向

优点：积极上进、有主见、杀伐果断

缺点：霸道、鲁莽、输不起

最喜欢：领导别人，掌控一件事

最需要：别人服从他

最害怕：没人听他的

最看不起：能力差的人，对他们会明显地表现出自己的轻视

沟通方式

1.直接提要求：和这样的孩子沟通，家长不用拐弯抹角，直接给出目标和要求就可以了，简单明了，他们不喜欢啰唆。

2.奖惩分明：做不到要有相应的惩罚措施。

人际交往

他们不擅长与人打交道，也不太在意别人的感受，因此经常会得罪

人，人缘不太好。在球队里有时会顶撞教练，不服从管教，不服从裁判。他们更在意的是队员和队员之间的竞争关系，喜欢突出自己，更看重自己的成绩，不太会去帮助别人，只在乎自己是否能超越对方。

体育方向的职业优势

这种性格的孩子特别适合当运动员和总教练，他们的人生目标非常明确，就是追求更快、更高、更强，非常符合体育精神。他们的人生态度也是积极进取，能吃苦，肯上进，抗压能力比较强。相对于过程来说，他们更看重最后的结果，他们不在乎曾经付出多少，只在乎最后是否能出成绩拿到金牌。

调教难点及解决方式

1. 挑战权威

他们不服或不爽时会明着和家长、教练顶撞，表现得没有礼貌。首先大人要有这样的心理预期，一旦发生，不要慌乱，既不要轻易妥协，也不要以暴治暴。第一，家长要用自己最初的三分钟平静期来换取之后和孩子的有效沟通，第二，平时要多给这类孩子进行礼貌、修养教育。

2. 输不起

这种性格的孩子只能赢，不能输，一输就闹情绪。但竞技体育到处都是比赛，都是输赢，哪有常胜将军？一种办法就是多参加比赛，家长可以故意设置不同级别的比赛，让他有输有赢，让孩子知道山外有山，天外有天，输赢都只是阶段性的，也是一种常态，没有永远的第一，人最终的目标应该是不断超越自己、提升自我。这样孩子就不太会患得患失。

3. 爱看不起人

他们会因为自己很上进，或者体能好、技术水平高而对水平比他们差的同学或队友看不起并冷嘲热讽。这是他们不被喜欢的重要原因。家长可以让孩子说出自己失败时的心境，自己遇到困难时的感受，他在这个时候需要别人做什么，让孩子具象地体会被别人嘲讽的感受，从而学会尊重别人。

4. 缺乏团队精神

他们在一个团队里只在乎自己的成绩，很少考虑团队的配合，不愿意为团队做出牺牲。这样的孩子一方面要培养他们的团队精神，一方面在选择项目时尽量多选个人比赛。

电视剧《超越》里有这样一个情节：

一名短道速滑的女运动员，个人条件各方面都还不错，但成绩总是上不去。后来教练考虑到她是因原生家庭问题导致的性格孤僻、不合群等问题，不能和队友打配合，不适合在短道速滑这个项目中发展，就劝说她改滑大道。大道比较注重个人技术，不太需要配合，更能突出她的技术优势。果然转到大道后她的成绩就有了很大的提升。

效果

一般这类孩子家长会很快看到他们的成绩，因为他们骨子里的上进会让他们对赢有极大的意愿和热情，加之能吃苦，这类孩子是比较容易在短时间内出成绩的。

二、红色（孔雀——孔雀开屏是它的高光时刻）

性格：外向型，做事快节奏、人际导向

优点：乐观、积极、特别有情趣，是大家的开心果

缺点：情绪张力大、不严谨、总是丢三落四

最喜欢：炫耀、聚会、在意名望

最害怕：被冷落、被孤立

最需要：被夸奖、夸一夸满血复活

最讨厌：枯燥的工作、体能训练

最看不起：悲观的人

沟通方式

他的目标感并不是很强，但喜欢憧憬，可以给他画大饼，美好的愿景会让他心潮澎湃，但是他只有三分钟热度，一个星期前三天斗志昂扬，后四天就消极怠工了，因此他需要经常被点燃，点燃的方式就是夸奖他，被认可会让他瞬间找到自信和价值感，被激励会让他热血沸腾。

人际交往

此类孩子非常喜欢社交，所以对外人缘很好，和教练、队友、裁判都能搞好关系。最重要的原因是他有意思、有趣，他的到来可以让枯燥的训练变得趣味横生。但他比较自恋，喜欢展示自己，不太关注他人的感受。

一旦别人不喜欢他了，比如教练、队长、队友冷落他了，他就会感到非常沮丧，甚至失魂落魄，当他不能成为焦点人物时，他就会没有积极性，甚至不想在球队里继续待下去了。

体育方向的职业优势

这种性格的孩子不太适合当运动员，因为他不会让自己活得太辛苦，他喜欢享受生活、体验人生，枯燥、单调、反复的基本功练习会让他崩溃。他更适合做体育赛事的宣传、推广、运营工作或者体育记者、体育赛事解说员。他会因为对某个球员的喜爱而对这场比赛和整个项目充满兴趣，也会因兴趣、热爱而钻研业务，把工作做得活色生香。

调教难点及解决方式

1. 控制情绪

这种孩子因为性格外向而张扬，常常会情绪失控，要教他学习情绪管理。先认识情绪，等三分钟再做决定。告诉孩子发泄情绪的几种办法，家长不要用命令句，要用疑问句："你觉得这样可以吗？"总命令他，会让他抓狂。发泄情绪最好的方式就是运动。

2. 基本功练习

这种性格的孩子，喜欢做很炫、很有趣、能出风头的事，但凡这个事不光鲜了、不好玩了，他就不爱做了。比如打篮球喜欢投篮，不喜欢反复地练习运球。喜欢看谷爱凌的跳跃、旋转，但不喜欢日复一日地苦练基本功。家长要告诉孩子成为一个厉害的人，做光鲜的事情，背后一定是实实在在地把每一件小事做好，枯燥的集中练习之后才会有惊人的爆发。练花样滑冰的孩子特别喜欢最后优美亮相的定格，可是你没有基本功，转两个圈就会摔倒。反复讲并让他实际体验，对这样的孩子，家长要多陪伴，当他感到枯燥乏味想要摆烂时，家长要给他力量，把基本功练扎实，不能心浮气躁。

3. 理性对待别人的评价

红色性格的孩子，如果教练喜欢他，他就能玩命训练，一旦发现教练更喜欢别人了，没有太在意他、表扬他，他就没有前进的动力了。要告诉孩子理性对待别人的评价，每一位老师、教练都是生命中的过客，他们各自有各自的性格、秉性、特质，不必太在意，自己的进步才是最重要的，成绩是王道。想要别人在意你、关注你、赞扬你，就要刻苦练习。

4. 缺乏专注度

因为性格中好动，爱炫，所以不能专注。发现这件事没啥意思了，或者自己不可能有很好的表现时就想放弃了，这种性格的孩子是最容易半途而废的，最后往往是样样通，样样松，什么都能玩两下，又什么都玩不好。家长要对孩子强调深耕的意义和作用，站在半山腰上看到的风景和站在山顶上看到的风景是不同的。另外当孩子轻言放弃的时候，家长要坚定。因为孩子的性格中缺乏执着，在运动中培养孩子的执着精神，在学习和工作中都会受益终身。

效果

这类孩子总是三分钟热度，需要家长不断地给他加油打气，"画大饼"，在家长的持续"煽动"下，孩子也会出成绩的。

三、绿色（鸵鸟——低调得可以把头埋到地底下）

性格：内向型，做事慢节奏、人际导向

优点：随和、稳重、善解人意

缺点：不思进取、随波逐流

最喜欢：重复、熟悉、规律

最需要：被关怀

最害怕：冲突

最讨厌：多变和挑战

最看不起：自私的人

沟通方式

1. 他不擅长表达，他喜欢你说他听，他虽然不表态，但你说的话他都会听进去的。

一般都是你问我答，不问不答，不说并不意味着他没有想法。

2. 他有不同意见时，会表达得非常委婉，有时为了不伤害你，他会选择沉默，因为他最不喜欢冲突。他不开心时，家长先安抚他，和他共情，然后再和他讲道理。

3. 他感情丰富，内心敏感，家长不要对他用激烈的言辞，那样会伤害到他。

人际交往

他喜欢与人打交道，但不是人群中那颗耀眼的星，他更喜欢在一旁默默地为别人眼中的英雄、明星鼓掌。他生来善解人意，本能地会为他人着想，所以人缘非常好。教练、队友、裁判都很喜欢他，他是团队里最和谐的因素，可能技术未必是最好的，但是他协调关系的能力很强，加上肯为别人付出，很多绿色性格的孩子往往也能成为球队里的队长。

体育方向的职业优势

1. 这种孩子目标感不太强，如果家长不推动他，他是比较懈怠的，很佛系；但是如果你推推他，他也可以做得很好，因为他的模仿力很强。

2. 在某个项目上有一技之长后，很适合做青少年的教练，因为他非常有爱心和耐心。同时，这种性格的孩子也适合参加团体项目或者像高尔夫、瑜伽这类比较慢节奏的运动。

调教难点及解决方式

1. 加强目标性

这种性格的孩子目标感不是很强，家长需要帮助孩子制定大的目标和愿景以及近期可以完成的小目标，近期目标要定得切实可行，孩子是会照着做的。另外这个类型的孩子比较不自我，他是可以为别人做事情的，他可以为妈妈去做，为教练去做，为集体去做。家长可以利用他的这个性格特点，来建立目标。相对来说，这种孩子比较好管理，你给他目标，他就会去执行，也照样能出成绩，但是不是突飞猛进，而是细水长流，他们更适合在团队里发挥作用。

2. 学会独立和拒绝

支持别人、顺从别人是让别人喜欢的,但随波逐流就不好了。他的性格就是爱听从别人,自己不喜欢拿主意,很多事情会随波逐流,有时明明觉得不对,或者自己不喜欢,也会因为怕得罪人而不说。比如大家都打游戏,我不打显得我不合群,所以我也打。家长要教孩子独立思考,让他练习每遇到一件事都说出自己的判断和想法,尽管说得不全面也要先肯定他。不想做的事情要学会拒绝,拒绝当时会有些尴尬,之后会无比轻松。

3. 列时间表

这种性格的孩子特别喜欢发呆、磨蹭,有时一耗大半天过去了。他需要有时间表,清楚地告诉他每个时间段需要做什么,几点学习,几点练球,孩子小时候父母帮助和督促他按照时间表来做事,长大后慢慢就养成习惯了。

效果

这类孩子是慢热型的,他对每一个新事物都需要一个熟悉的过程,家长一开始一定要不厌其烦地陪伴和鼓励,慢慢地当孩子对这项事物有了一定的了解和掌握后,他会有进步,这类孩子的成绩像滴水穿石,时间越久,效果越佳。

四、蓝色(大雁——规矩得永远按照一个队形飞翔)

性格:内向型,做事慢节奏、目标导向

优点：严谨、认真

缺点：挑剔、苛责、不合群

最喜欢：专业、高质量、详细的过程

最需要：被信任

最害怕：竞争

最讨厌：社交

最看不起：做事不专业、没有章法的人

沟通方式

1.这种性格的孩子内向，不太喜欢交流，与人打招呼都是一件难事。

2.与他交流，千万不能画大饼、讲情怀，比起这些，他更在意数据、事实。当数据、事实摆在他面前的时候，他会考虑并服从。

人际交往

1.这种性格的孩子很不喜欢社交，他更喜欢一个人宅在家里。在人多的环境里他会感到不安，在自己独立的空间里他会更有安全感。家长要了解孩子的性格并接纳，降低对孩子的社交要求，他能做到起码的礼貌就好了。家长要多把他拉到户外参加些体育运动。

2.他内秀、聪慧、学东西很快，但是他不喜欢比赛，不喜欢竞争，除非他可以拿第一名，否则他都不想积极参与。因此，开始的时候可以在他熟悉的、喜欢的、人少的环境中玩他喜欢的、擅长的项目，而不要硬把他往人群里塞，这样反而会让他对人际、户外更加退避三舍。

体育方向的职业优势

这种孩子的性格严谨、认真、讲秩序、求公正，但是他害怕竞争，所以不太适合当运动员，相比较起来他更适合当裁判。

调教难点及解决方式

1. 包容和欣赏

蓝色性格的孩子做人有底线，做事有章法，因此对他人会比较挑剔和苛刻，总能一眼就看到别人的缺点，评判特别犀利。又因为做事循规蹈矩显得无趣，加上为人苛刻，因此可能人缘不太好。虽然这种严谨、公正的性格非常适合当裁判，但依旧要教他学会欣赏别人，忽略别人身上的缺点，多看别人的优点。妈妈平日里可以让孩子练习说出某同学身上的三处优点，说出某个教练让你佩服的三个地方。本性没有的东西，需要后天刻意培养。

2. 积极参与

这类孩子在很多比赛中，如果不能确保自己拿到好名次，他就不愿意参加，他害怕竞争，害怕聚光灯，与其在人前被笑话，不如悄悄地躲在下面看别人笑话，因此很多时候他选择逃避。家长要告诉孩子重在参与，体育就是让人在不断的经历中获取经验，结果没有那么重要，学会享受运动给他带来的快乐，学会在比赛中成长。

3. 防止抑郁

这种性格的孩子因为太内向，太追求完美，同时又太敏感、心重，不如意时会想不开，有的甚至会出现抑郁倾向。所以家长更要让这种性格的孩子多参加体育运动，运动是预防和治疗抑郁最好的方式，让孩子在运动中疏解情绪，得到释放。

王丽萍（奥运竞走冠军）在采访中这样说道：

运动员的性格各不相同，有的很张扬，有的很沉稳。一部分是先天的，一部分和项目有关。比如竞走这个项目，就是一个人在那里孤独地默默地走着。长期这么练习，内心的波动相对就会比较小，人也因此会更加专注。我记得那年奥运比赛夺冠后，观众问我，你怎么不蹦不跳呀。我想这和我的性格有关吧，不同性格的运动员在夺冠的一刹那，所呈现出来的样子也是不一样的。

效果

这类孩子也是慢热型的，但他们不太需要陪伴，他们需要自己明白、消化道理后独立完成任务。如果他们愿意做，因为自律，对自己有要求，一般情况下都会很好地完成任务。

总之，不管孩子喜不喜欢运动，擅不擅长运动，孩子的生命中都离不开运动，那么作为家长就更需要利用他们的性格优势来选择项目，因材施教，因势利导，这样我们才能事半功倍，以最小的成本给孩子带来最大的收益。

体育是男性的专利吗

——爱好运动的女性更有竞争力

夏天的晚上,凉风习习,小区院子里异常热闹,人们吃过饭后都纷纷出来乘凉。

优优妈妈领着六岁的优优也出来遛弯儿,孩子刚刚练完钢琴,出来放松一会儿。

优优母女俩在小区里是出了名的漂亮,这天优优穿了一件无袖的白纱连衣裙,妈妈穿了一件改良的旗袍裙,手里拿着一把团扇,时不时给优优赶着蚊子。

优优一进院子,就被眼前的一幕吸引住了脚步。团团妈妈正和团团他们七八个孩子在玩老鹰捉小鸡的游戏呢。团团妈妈当老鹰,团团是鸡妈妈，后面团团的小兄弟们都是鸡妈妈的孩子。老鹰非常凶狠，脚下不停地变换着方向，奔跑的速度也极快，两只手臂好像随时都能抓住后面的小鸡。鸡妈妈团团那是相当的尽责，两只手臂大大地张开着，保护着他的孩子们不被老鹰抓走，那些后面的小鸡们也大幅度地奔跑着，忽左忽右，像一条被甩来甩去的小龙。

平日里总是坐着弹琴的优优简直看呆了，她好想加入到老鹰捉小鸡的队伍里和小伙伴们一起玩，即使就当最后面的小鸡，随时会被老鹰抓住，她也很想体验一下。可妈妈却轻轻摇摇头说："我们在一边看看就好了，你看他们都是男孩子，一个个跑得满头大汗的，你追都追不上。"

"不，妈妈，我真的很想玩。"优优坚持着。

这时，团团听见了优优的声音，他们是同一个班的，就对优优妈妈说："阿姨，让优优玩会儿吧，可有意思了，我保护她，不会让老鹰抓住的。"耐不住两个孩子的软磨硬泡，优优妈妈只好同意了。

优优高兴地跑到了队伍的最后面，当了一把小小鸡。她拉着前面小鸡的衣服一会儿向左跑，一会儿向右跑，眼看老鹰要抓住自己了，她一着急，一下摔倒在地，膝盖磨破了皮。

大家纷纷跑过来扶起了优优，优优妈妈满脸的嗔怪："说不让你玩，非不听，这下好了，摔了吧。"这时扮演老鹰的团团妈急忙跑过来说："优优没事的，只是蹭破点皮，阿姨这儿有创可贴给你贴上，不过下次来玩要穿运动裤，这样跑起来更方便。优优妈妈，我看优优的肢体协调性不是很好，您还是要带她多运动。"

"我们优优是学钢琴的,这种追跑打闹我们是不玩的。"优优妈妈不高兴地说。

"优优妈妈,其实这不是简单的追跑打闹,这个游戏能锻炼孩子的观察力、反应力、协调性和奔跑的速度,我平时每天跑五公里,但是跑步对孩子来说会略显枯燥,我就把它结合到游戏中,每天陪孩子玩一会儿,现在孩子们被抓住的概率已经越来越低了,说明他们在进步,女孩子也需要灵活的身体,以后让优优多加入我们吧。"说完团团妈妈很大气地和优优母女俩挥挥手走了。

优优妈妈停在那里,思忖着,女孩子真的需要运动吗?

一、为什么中国女性参与运动的人数那么少

虽然说在奥运赛场上,中国女选手成绩斐然,所获的奖牌数一点都不比男选手少,甚至在某些领域还会出现阴盛阳衰的现象,但这并不意味着中国女性参与大众体育的人数就很多。事实上,在大众体育这个领域里,中国女性投身体育锻炼的人数远远不及男性。这是什么原因呢?

首先,社会分工的限制。

中国传统的儒家思想倡导的女子特质是谦虚、温柔和顺从。中国的主流社会价值观要求女性在家庭中扮演贤妻良母的角色,这很大程度上限制了女性从体育运动中获得满足。因为相夫教子成为她们生活中的首要任务,占据了她们大量的闲暇时间。她们可以用大把的时间陪孩子练体育,

自己在旁边等,却没有自己可支配的运动时间,从而大大阻碍了女性自身的体育参与。

其次,传统审美需求和社会观念的限制。

传统女性的理想形态是举止矜持、温文尔雅。自古以来,在深闺中大门不出、二门不迈的都是"千金小姐",在乡野里疯跑嬉闹的都是"山野村妞"。我们可以看到一个比较普遍的观念,优雅的女孩子是干净的、稳重的。而运动训练后脏兮兮、臭烘烘的形象背离了优雅的标准,因此练体育的女生不符合传统大众审美。

在过去很长的时间里,男孩接受到的引导都是外向大胆、积极竞争、勇于探索,而女孩则是内向矜持、修身养性、和谐友好。女孩玩的游戏大多也不分输赢,比如过家家。而大多数中国女性通过社会化,也已经笃定地相信她们的行为应该表现出保守和矜持的特质。所以她们不太会选择参加冲击性、竞争力和力量感比较强的运动,比如足球、冰球、拳击等,因为这些运动是"非女性化"的,是"男性身份"的象征。中国女孩从小到大受到的教育是:男孩子参与这些运动并表现良好是值得褒奖的,是有男子气的表现,但是女孩子不适合。一个爱踢足球的女孩很可能被公众认为是粗鲁的、不温柔和"不女性化"的,是"女汉子""假小子"。而从事室内运动,如跳舞或瑜伽才能表明你是一个温柔的女孩。

吴女士(坤宁妈妈)在采访中这样说道:

> 我对我女儿的运动素质还是挺注意的,因为我从上中学就喜欢踢球,当时学校没有女足,我就经常和男生一起踢,我很享受这个

过程，那也是我中学时代非常美好的一段记忆。因为我自己喜欢运动，所以当了妈妈后，我也会很在意女儿的身体素质，她是否有健康的身体和坚强的意志，我一直坚持让她练习跆拳道和乒乓球。现在女儿各方面的体能都很好，灵活性、速度、爆发力都不错，只是别人都说她不像个女孩子。这还真有点困扰我，我知道我女儿很棒，有些地方甚至超过了很多男孩，但是我心里还是希望她就是一个女孩子的样子，有时我会强迫她留长发，穿裙子，不想让别人说她是个"假小子"。因此对女孩到底该如何定义，一直是我思考的问题，难道喜欢运动就不像女孩了吗？

答案当然是否定的，随着社会的进步，人们认知的提升，爱运动的女孩会越来越多，爱运动的女孩会越来越受到大众的青睐和欢迎，她们未来的前景也会更加光明、顺遂。

二、女性从小参与运动的三大竞争力

从小培养女孩子的运动习惯，除了众所周知的强身健体，增强自信心、意志力之外，还有令你意想不到的三点好处。

1. 青春期出现心理问题的概率小

青春期是让每个家长最提心吊胆的一个阶段。这个阶段的孩子就像一颗随时都可能引爆的定时炸弹，各种叛逆行为让家长心惊胆战。有的孩子会和父母顶嘴，有的孩子会离家出走，更有甚者会因情绪、心理问题而选择辍学或者自残、自杀。

青春期的问题一般分两种情况，一种是正常孩子的特殊时期，一种是问题孩子的爆发期。但无论哪种情况，运动都会起到很好的改善效果。第一种情况，孩子是由于激素水平的上升而导致的情绪不稳定，如果孩子平时有运动的习惯，每天打打球，跳跳绳就会消耗掉他们体内过剩的能量。如果是第二种情况，也就是问题孩子的爆发期，那么在青春期这个阶段可能会出现这样或那样的心理问题，从而导致情绪低落、睡眠障碍，这就更需要运动来辅助药物和心理的治疗。运动后压力得到释放，身体症状会明显减轻，也可以有效地改善睡眠质量。

芳芳（初三女生）在采访中这样说道：

> 我们几个女生都是初一下半学期的时候来月经的，之后明显感觉人就像得了神经病似的，忽晴忽阴的，特别敏感。老师的一个眼神，同学的一句话都会让你浮想联翩。再加上从初二开始学习压力增大，很多同学或多或少都出现了心理问题。有的突然不爱说话了，有的动不动就掉眼泪，有的甚至因为各种原因不能上学了，还有的出现了自残行为，用小刀在胳膊上划，划出很多血印子。
>
> 我那个时候还不错，有时也会莫名其妙地和我妈发脾气，但总体来说，情绪还算稳定。我觉得这和我跑步有关，从小学五年级开始，每天晚上9点我妈妈都会带着我在小区的院子里跑步，几公里跑下来，虽然身体很累，但脑子放空了，那种感觉特别舒服。回家后洗个热水澡就睡了，第二天我会早起一个小时复习功课，一天的

精神状态都很好。但我的同桌晚上总失眠，白天上课就趴在桌上睡觉，一天昏昏沉沉的，这就是良性循环和恶性循环的差别吧。

我挺庆幸，我妈妈是在我小学五年级时带我跑步的，那时候我还小，还听她的话，后来跑着跑着就养成习惯了，现在每当压力大、烦躁的时候，就会去跑步，跑完就舒服多了。

很多从小打篮球的男生和芳芳的感受是一样的，青春期烦躁的时候出去打会儿球，宣泄一下，回来情绪就会平稳很多。

有个理发师的故事，说一个小理发员实习的时候拿个冬瓜在那刮，每次练完后，就把刀往冬瓜上一戳，后来第一次给客人刮头的时候，刮完了，别人一叫他，他下意识地就把刀戳在客人的头上。这是一种肌肉记忆，通过每天重复性地做一个动作，下意识地就形成了条件反射。比如我们现在很多孩子心情一不爽的时候就爱摔东西，摔本、摔书包、摔手机。肌肉记忆是非常神奇的，一旦形成，很难改变。正向的肌肉记忆会让我们有正面结果，负向的肌肉记忆比如一生气就摔东西就会产生负面结果。只要你每天不断地重复一件事情，一段时间以后就可以改变你潜意识的心态和整个做事的习惯。

而运动中的打球、跑步都是一种非常正向的肌肉记忆。这种记忆养成了，关键时候像青春期就会起到很好的控制情绪的作用。

2. 眼界宽、格局大、认知水平高

相对而言，运动永远是男生热衷的话题，以前这部分内容，女生很少涉猎。但随着体育普及性的逐步提高，女性体育迷也越来越多。她们会因

为体育而更加了解世界，打开格局，放宽眼界。举个最简单的例子，对世界各国国旗的了解最直接的方式就是看奥运会开幕式。

另外，在和异性交往中可以获得更丰富的体验，让自己的认知层面变得更全面、更客观、更高维度。

稍微年长一些的女性常常会抱怨自己的丈夫不和自己聊天，很大程度上是因为他们之间缺乏共同语言。很多男性在看世界杯时，一旁的妻子会问一些啼笑皆非的问题，让丈夫嫌弃地不想作答，更多的妻子是根本不关注，老公一个人对着电视屏幕又喊又叫。

如果一名女生，从小就喜欢体育，爱看球也懂球，那么长大后和男朋友约会的选项，除了逛街、看电影还可以一起去看球、打比赛，你们在一起时就会增添更多的情趣。同样，如果夫妻两人都喜欢运动，一家人就会有很多户外活动来度过休闲时间。共同的志趣爱好才是当今年轻人所追求的生活方式。

女生不必去刻意讨好男生——你看球时，我为你准备食物、饮料，然后默默地陪伴你，消磨我的时间；男生也不必刻意讨好女生——为了你的喜好而耐着性子陪你逛街、购物。如果不是自发的由衷的兴趣，只是为了单方面讨好对方，那么激情过后便不再想讨好了，因为很累，最终就变成了各玩各的。只有真正的共同爱好、共同话题才会让彼此愉悦地享受在一起的时光。

和你在一起，不仅仅是因为你好，而是和你在一起后，我也变得更好。

体育不仅仅是一种娱乐活动，它还兼具教育和社交功能。女性通过参与体育，可以培养团队合作精神、领导能力和竞争意识，提高自身的综合素质。同时，女性在体育活动中收获的勇敢、坚强、达观的优秀品格也能够改变社会对性别的刻板印象，促进性别平等和女性权益的进步。

菲菲（公司白领）在采访中这样说道：

我结婚后和老公的感情一直不错，原因是我们能聊到一块，有很多的共同语言。有一句话叫"世界是在对话中产生的"，这话一点不假，如果一对年轻夫妻每天都各忙各的，没有什么深度交流，又没有小孩的话，感情很快就会淡下去。我和老公有很多共同的话题，我们的狗宝宝，我们彼此的工作，但聊得最多的还是运动。因为我们俩都酷爱滑雪和打羽毛球，我们冬天滑雪，夏天打球，运动几乎填满了我们的业余生活。我们在一起或分享球技或一起聊聊我们队友的事情。这让我们在婚后没有小孩的这段时间里充分享受了高品质的二人世界。只有"臭味相投"，两个人各个方面的价值观比较一致，以后才能面对生了宝宝后的一地鸡毛嘛！当然我也越来越发现爱运动的女孩子性格中具有一些男性品格，也就是更英气一些，所以聊天、处事都比较大气，不像其他女孩子那么小家子气，爱作，这也使得双方天然比较接近，聊起天来不那么费劲，不像有些小女生一直会抱怨男生不懂她。很多人都说爱情需要经营，我认为更确切的表达应该是有难度的感情需要经营，因为有太多不同。我和我老公就还好，我们不太需要刻意为之，因为相同点还蛮多的。所以有一句话叫"选择比努力更重要"，哈哈。

社会的进步会要求女孩子雌雄同体，男孩子刚柔并济。我们要求男孩子成为暖男、承担家务的同时，女孩子也不要再做小女生。运动可以让女孩子具备很多男性品格，在自己享受运动带来的快感和乐趣的同时，也可以更有力量和承担起社会和家庭更多的责任，这份责任不是男人赋予我们的，而是我们自己主动选择的。

3. 长大后生宝宝更轻松

有句话叫："父母之爱子，则为之计深远。"我们做家长的爱女儿，不光是当下的一时一刻，不只是能不能中考体育过关，得满分，更要在意孩子今后的身体素质及发展。作为女孩，大多要面临生育这一课题，在生育率大大下降的今天，生育对于每个家庭乃至全社会来说，都是一件头等大事。妈妈身体素质好，产后恢复也更容易，生出健康宝宝的概率也更高。

具体到个人，很多女孩不愿意生育的一个重要原因是怕疼，但是对从小喜欢运动的女孩来说，生育带来的痛苦和风险相对要小一些。原因有四。

其一，有运动习惯的女性在生产的时候顺产率会相对较高。分娩过程是非常消耗精力和体力的，有些孕妈妈在整个孕期完全不运动，精力体力有限，在分娩时很容易提前耗尽精力、体力，造成分娩时间过长，进而导致胎儿氧气不足。如果平时有运动习惯，或者孕中后期在身体条件允许的情况下坚持运动，比如做孕期瑜伽，心肺功能就会比较好，人体的免疫力也比较高，在生产过程中患并发症和疾病的概率就会相对较小，从而提高生育成功率。

其二，平时运动的人，忍耐力比较强，同样的疼痛，运动的人感受没有那么强烈。每天坚持体育锻炼也可以帮助缩短产程，减轻女性在生孩子过程中的痛苦，有利于维持孕妇以及胎儿的身体健康。

其三，体育运动还可以促进女性的心理健康，降低产前焦虑和产后抑郁的发生率，提高生育幸福感。

最后，有运动习惯的女性新陈代谢比较好，产后身体和体形都会恢复得比较快。一份月子中心产后康复数据显示，有的运动员出身的产妇生完孩子到坐完月子可以掉秤 15—20 斤。

吴雪艳（游泳教练）在采访中这样说道：

> 我生小孩是顺产，特别快，我想这和我常年游泳有关。孕期也做了瑜伽，月子里胃口特别好，吃得挺多的，满月那天上秤一称，掉了 20 斤，羡慕死月子会所里其他的产妇了。同期的产妇有的吃得比我少，满月才掉四五斤，她们都问我有什么瘦身秘诀，其实我们的日常起居完全一样，只能说我的新陈代谢比她们强，因为之前我是运动员。

养成好的运动习惯真的会让女孩子一生受益。

三、女性参与运动对全社会的积极影响

一个社会的进步程度很大程度上取决于女性的进步程度——女性认知的开化，社会责任的担当。因为大部分女性会成为母亲，她们会孕育和养

育她们的子女，为社会和家庭繁衍后代，创造未来，因此女性参与运动对社会和家庭都有着不可估量的积极影响。

1. 妈妈喜欢运动，可以改变孩子和周围人对运动的认知

当女性参与运动还没有那么普及的时候，妈妈带孩子，会把更多的关注点放在学习和技能的培养上。社会对运动教育认知的局限性，直接导致家庭，尤其是母亲对孩子运动教育的忽视，而受这种忽视影响更多的是家庭中的女孩子。如果在妈妈的成长过程中，运动已经是她们生命中必不可少的一部分，她们尝到过运动给她们带来的甜头，自然会把体育教育融合在日常的家庭教育中。一个孩子从小得到过母亲的体育启蒙教育，长大后对体育运动的认知自然会高很多。

2. 妈妈喜欢运动，孩子参与运动的比例更高

我们在调查中发现，一般情况下，家庭中爸爸喜欢运动的比例比较高，而妈妈的比例则远远不及，甚至可以说人数很少。这其中的缘由在本文的第一部分已做阐述。

然而，家里如果只有爸爸喜欢运动，并不一定能带动孩子运动；相反，如果是妈妈喜欢运动，孩子大多数情况下也会参与运动。原因很简单，妈妈陪伴孩子的时间更多，因此影响力更大。

妈妈的生活方式会潜移默化地被孩子习得。让我们脑补一下这个场景：一个平时经常去打球的妈妈，孩子要么会经常在旁边看妈妈打球，要么就是经常听到妈妈和周边人聊打球的事情，从小耳濡目染，孩子会觉得打球就是生活中必不可少的一个组成部分。长大以后，他们喜欢运动，参与运动也就成了自然而然的事情了。

3. 妈妈喜欢运动，管教孩子更得法

以前，我们会有个错误的认知，运动员或者搞体育的人管教孩子会比较简单、粗暴，不是打骂就是体罚，其实不然。

近期，我们采访了很多优秀的女运动员，发现她们在管教孩子方面很有一套。

首先，科学膳食，营养搭配。因为妈妈运动，妈妈对自己的饮食有要求，所以她们不会允许自己的孩子暴饮暴食，吃成一个小胖子。

其次，不纵容，不娇惯，不放任自流。运动的妈妈知道运动的持续性，她们会非常自律，因此她们在爱孩子的同时，也会关注孩子的意志品质教育和规则教育，所以孩子不会太骄纵。

再次，勇敢、大气。勇敢、大气这些男性品格不是说教出来的，一定是潜移默化影响出来的。我们常会说单亲妈妈带出来的孩子胆小、懦弱，那是因为家庭中缺乏男性角色而少了阳刚之气。但是北欧很多国家的单亲家庭，孩子依旧阳光、健康，其中一个原因就是妈妈很独立，妈妈爱运动，具备较全面的优秀品格。所以爱运动的妈妈培养出的孩子，也一定会很优秀。

社会在进步，女性在进步，如今热爱体育已经不再是男性的专利，女性同样享有参与体育运动的权利和机会。女性通过运动不仅能够获得个人的快乐和满足，还能为社会和家庭创造更大的价值。

因此，我们也希望社会能够加强对女性参与体育运动的宣传和推广，让更多的女性了解到体育锻炼给自身带来的实际益处和乐趣，同时能够提供更多满足女性需求和兴趣的体育锻炼机会和场所。此外，社会还需要加

强对**女性体育教育**的扶持，培养更多的女性体育老师和教练，为女性运动提供更好的榜样和指导，鼓励和支持更多的女性参与体育活动，并为她们创造一个更加包容的良好运动环境。

陪孩子练体育，痛并快乐着
——家长陪练的心路历程

小慧的女儿是个学霸，门门功课优秀，就是身体协调性不太好，走路、跑步常会磕着、碰着。小慧知道女儿没有什么体育天赋，也就没让孩子业余时间练任何体育项目，学校里学什么孩子就学什么。有时天气好的晚上小慧也会带着女儿在院子里跑跑步、跳跳绳，她的原则就是一切跟着学校走，可以不爱好体育，但正常的体育考试是要过的。

结果，万万没想到就是从女儿这届开始，体育中考分数从以前的40分提高到60分了，今年下半年的六年级以及之后的八年级的体育测试都要计入中考的体育考试总分里，这下可急坏了小慧。

于是，小慧给孩子报了一个体能训练班，天天带孩子去训练，虽然费用贵点，但如果孩子能顺利拿下六年级这 10 分也值得呀。好在小慧是个大学老师，自己也有寒暑假，每天可以风雨无阻地接送孩子去体能班。整个暑假练下来，进步真是肉眼可见，跑步从班里倒数第几，已经一跃成为正数前几了。

看到孩子一点点地进步，小慧觉得自己的选择是正确的，提前抓了一个暑假，效果是明显的，女儿不光跑步成绩提高，人也不像之前那么懒了。虽然自己搭进了整个暑假，但为了孩子，一切都是值得的。

让孩子爱上一个运动项目，甚至把它变成一种爱好或者特长，家长的确要付出很多，包括金钱和精力以及毅力与耐心。它不再像 20 世纪 80 年代，把孩子扔出去，他们就能成群结队地找个空场踢个球，找个篮球架投个篮，对于普通孩子来说，运动就是玩，家长也没有那么强的功利心。如果孩子身体条件好，被体校挑上了，那家长就更省心了，从此孩子归国家培养了。

现在的情况就不同了。孩子可以学习的体育项目越来越多，而且从之前的"项目选择孩子"变成了"孩子选择项目"。之前，孩子被项目选上就基本走专业这条路了，而现在，孩子们只是把它作为自己的一种兴趣爱好。在不同的俱乐部，孩子可以选择他们喜欢的体育项目，并且学习的东西也越来越专业、越来越系统，因此家长付出的时间、精力以及金钱也越来越多。那么培养孩子坚持一项体育运动，到底要花费家长多少的精力和财力呢？就此问题，我们采访了不同的家长和教练。

一、孩子练体育家长要付出什么

时间、精力和财力。

这个问题我们分两种情况来说,对于经济条件一般的家庭,孩子可以选择普通的体育运动,比如:慢跑、游泳、骑车和跳绳等。这些运动项目不仅花费会相对较少,而且锻炼效果也非常好。而像网球、滑雪、冰球、马术、高尔夫这些运动项目就相对高端,花费就会多一些。

石良(十一岁北京市空手道运动员妈妈)在采访中这样说道:

我们孩子目前在学习空手道和冰球这两项运动。它的确花费了我们很多的时间、精力和金钱。先说时间吧,能一直坚持下来,这真的是我们全家共同努力的结果。我跟我老公加上我妈三个人轮流陪。我们都很忙,大家只能打时间差,谁有空谁管。比如说,平时都是我管,周六日的时候我老公管,这样我就能歇会儿。我出差的时候他就得上,如果他也忙,那就只能我妈上。老人不会开车,只能打车,相对来说不太方便,万不得已的时候才我妈上。我们是举家三人陪这么一个孩子。他现在空手道已经是黑带了,今年已经录了指纹是运动员了,明年就要参加北京市运动会了,有这样的成绩真的是我们全家坚持了整整六年的结果呀,真的,不瞒您说,刮风下雨,没有一天懈怠过。

我们再说金钱方面,我儿子现在小学四年级了,课业紧了,我就不给他安排那么多课外班了,文化课和冰球我现在只求能跟上。冰球是个花钱的运动不必说了,因训练耽误的文化课我们还要补。空手道这个必须要练才出成绩,因此集训、比赛都要花钱。所以我和我老公在挣钱方面也不敢懈怠。

我们并不希望孩子今后能成为职业运动员,还是更希望他能和他爸爸一样搞科研,成为一个有体育特长的大学生。一来,能提高自身素质,在运动方面有个一技之长;二来,考学时能给他加点分,上个211、985这样的好大学。即使加不了太多分,他因运动而在各方面得到锻炼也不错,对以后的学习和工作都会有益处。只是这个过程中我们大人辛苦一点,时间、金钱上都会付出很多,不过运动可以让我们实实在在地看到孩子的进步和成绩,这点让我们很欣慰,觉得所有的付出都是值得的。

二、家长可能会遇到的困难和问题

1. 伤病问题

练体育的孩子多多少少都会遇到伤病的问题,肌肉、韧带拉伤,骨折都是常事,具有一定的危险性,有些运动还是高风险性运动。关于这个问题,家长事先要有准备,给孩子挑选相对专业的教练。

2. 分离焦虑问题

对于年龄小的孩子除了伤病的问题外,还会遇到一些心理问题,最普遍也是最典型的就是分离焦虑。很多运动项目大赛前都有集训,集训的时候，孩子就要离开父母到集训地封闭管理，他们得自己住。有的孩子五六岁，还没有上学，从来没有离开过父母，要承受和父母分离的焦虑。父母处理得好，用相对缓和的方式，孩子很快就能适应；但如果父母不太在意孩子的感受，强行以锻炼孩子独立性为由和孩子分开，对孩子以后安全感的建立可能会带来一些影响。

石良在采访中这样说道：

> 轩轩第一次去集训的时候才五岁，自己拉着行李走的，当时他还小，从来没有一个人出去住过，所以心里特别难过，舍不得妈妈。我怕分离焦虑会给他幼小的心灵带来阴影，就陪着他一起去，我在集训队入住的酒店租了个房间，他跟集训队住在一楼，我住在二楼。白天我会远远地看他集训，晚上集训完他会跑上来看一眼妈妈，抱一下然后就下去了，这样我在顺义整整陪了他三天。等到第二次再集训时，我就不用去了，他已经适应了。我当时没有太逼孩子，而是用了一种很缓和的方式，陪着他，让他有个缓冲，但不是所有家长都能有这个时间和精力的。

3. 训练环境问题

训练队对于练体育的孩子来说是第二个学校，他在这里待的时间有时比在家里、学校还要多，训练队的环境对孩子来说也非常重要。

石良继续说道：

我认为训练环境对孩子很重要。就像很多家长要给孩子选择一所好学校一样，好的训练氛围对孩子影响很大，所以这个要在考虑之中。

比如说冰球，它就是一种偏高端的运动，参加这项运动的孩子家庭大多都会比较富裕，那么你就要把孩子的虚荣心也考虑进去。轩轩就跟我说，妈妈你看他们开的车怎么跟坦克似的。我一看，还真是，停车场里停的大多都是豪车，而我们家的车很一般，因为我们就是普通的创业者，手头略微宽裕点，就想着让孩子多学点东西。但这就是两个圈层，完全不同的两个环境，孩子和那个圈层的孩子在一起打球，就会有交往，有交往就会有比较，心里就会产生落差。另外，个别有钱人家还停留在暴发户阶段，行事做派会比较飞扬跋扈，对教练不够尊重，有的家长甚至会殴打教练，这时，我们做家长的就要及时看到问题，适时给予孩子正确的引导。

4. 孩子是否适合走专业这条路

孩子练体育无外乎三种情况：一种就是业余爱好，增强身体素质；第二种是半专业，练成体育生，用体育特长给考试加分；第三种就是走专业运动员这条路。那么孩子到底是不是走专业的这块料呢？要不要让孩子走专业这条路呢？家长也会有很多纠结。

邢傲伟（奥运体操男团冠军）在采访中说道：

孩子适不适合走专业这条路，我个人认为取决于三个方面。

第一是伯乐。好的千里马都是被伯乐发现的，所以家长要和教练多沟通。孩子练到一定程度时，教练会知道他适不适合干这行，能不能吃这碗饭，因为除了刻苦努力外还有天赋和先天身体条件等因素。比如我们练体操的，对身高、体重都有要求，有些小队员在青春期时突然长高了，那就不再适合练体操了，因为出成绩的可能性很小。以前的选拔过程就是从体校到省队，再从省队到国家队，如果你不是这块料，从体校到省队这个环节就被刷下来了。

第二是自己的意愿。即使先天条件够，也不是所有人都能走专业这条路的，因为太苦了，如果没有特别的热爱、坚强的毅力很可能半途而废，所以个人的意愿，也就是主观能动性也非常重要，因为热爱，你才能吃得起这份苦。

第三是家长的意愿。有的家长看孩子练得这么苦，就放弃了。因为作为专业的运动员，能出成绩、拿冠军的少之又少，80%的运动员是出不了头的，所以家长也不是都想让自己的孩子走职业体育这条路。

陈露（中国第一位花样滑冰冠军）在采访中这样说道：

所有的孩子都可以来尝试花样滑冰这项运动，练了一年的小孩子也可以在冰上做一些简单的动作，但是经过一段时间的训练后，孩子是否适合花样滑冰这个项目可以通过几个指标来衡量，比如腿部力量、平衡能力还有协调能力。作为兴趣爱好是人选择运动，你喜欢哪项运动就可以去玩哪项运动，但如果要走专业或者职业这条路那就是运动选择人了。很大程度上是先天条件决定你是否适合这项运动，比如有的孩子平衡能力不是特别强，可能就不太适合练花滑，我们这里有学过马术的孩子转来学花滑的，学得就很好，因为这两项运动都需要人的平衡能力，但如果你是练游泳的，转过来学花滑就不太行，因为脚背太软。

三、家长在陪伴过程中需要特别注意的几点

1. 家庭中父亲的积极参与

运动和文化课学习不太一样，一般学习方面妈妈抓得比较多，而运动这方面更需要爸爸的陪伴。爸爸在陪伴过程中会把男性品格潜移默化地传递给孩子，这会让男孩子更有底气，女孩子更有力量。

邢傲伟在采访中说道：

> 几乎每个周末我都会陪女儿锻炼，在运动方面，她很服我管，因为我是世界冠军，我是她的骄傲和榜样。但是在运动项目的选择上，我尊重她，虽然我是体操冠军，但是她不喜欢体操，她更喜欢滑板、滑雪。这两项运动在技术上我虽然教不了她，但是我可以帮助她锻炼体能。在不工作的周末，我都会带女儿一起公路骑行，短则五六公里，长则二十多公里。在共同骑行的过程中，女儿看到的

是一个不轻言放弃、严格要求自己的父亲，这样她自己也就不好意思懈怠了，所以父母首先要起到榜样的作用。如果当爹的一直都在刷手机，不运动，怎么可能理解孩子在运动中的各种感受，又怎么可能用一句"你要坚持"就说服孩子呢？

傅迈伦（香港岭南大学硕士研究生）在采访中这样回忆：

  我最初练羽毛球，和我爸爸有很大的关系，因为我爸爸会打那么两下，所以小时候爸爸经常带我一起打，这样说来，我爸算是我打球的引路人吧。您知道男孩小的时候对父亲会有一种莫名的崇拜，觉得这个男人真了不起，什么都会，我也要像他那样。况且我妈妈常对我说："你长大后要是能像爸爸那样，就更完美了。"所以小时候爸爸就是我的偶像，我总想学我父亲，或者说希望和父亲能在某些方面发生连接，于是打球便成了我和爸爸连接的一种方式。我们好像在打球中传递着什么，具体是什么，我也说不清楚。后来我被体校选上了，我爸一直陪着我，开始还能做些指点，后来他水平不行了，就剩陪伴了。但这种陪伴对一个男孩子来说非常重要，它是一种力量，一种支持，你会觉得后面一直有一双眼睛在看着你，我从最初对他的崇拜，慢慢变成我要成为他的骄傲。

  小孩子一开始会对很多事物感兴趣，但最终专注于某项运动，除了自身的天赋外和家庭环境有很大的关系。因此我们家长，尤其是父亲需要抽出更多的时间来陪孩子玩，玩你擅长的运动项目，这样既可以让孩子崇拜你，树立起做父亲的威信，和孩子建立良好的亲子关系，也可以让孩子喜欢上这项运动。

在陪伴孩子运动这个问题上，父亲要特别注意以下两点。

首先，要把这项运动的**趣味性**展现给孩子。如果一开始孩子就觉得这项运动枯燥、乏味，对他来说难度很大，孩子就会有畏难情绪，那么即使父母自己玩得再好，孩子也未必想学。所以父母和孩子的互动、比赛、搞怪非常重要，要让孩子从中得到乐趣。

> 有一个小男孩儿特别喜欢踢足球，问起原因竟然是有一次和爸爸一起踢足球的时候，爸爸把球鞋给踢飞了。男孩儿觉得这件事实在是太搞笑了，每次想到这个画面时他都笑个不停，爸爸出糗的样子让他觉得父亲不再像以前那么严肃、可怕，一下变得可爱了许多，从此父子俩经常一起踢球，切磋球技。一个搞笑的动作拉近了他和父亲的距离，融洽了父子亲情，孩子在愉快的回味中不断地练习，最终成为学校的足球队长。

其次，一开始**不要对孩子要求太高**，即使孩子动作做得不到位也没关系。重要的是让他多体验，多感受。千万不要时时刻刻拿孩子的不足和自己的优势做比较，做得不好的地方就批评、指责，貌似是为他好，让孩子向你学习，其实这样做会非常打击孩子的自信心。你是大人，他是孩子，你比他做得好是理所应当的。再者每个人的运动天赋不一样，或许孩子遗传了妈妈,你认为很简单的动作,孩子就觉得很难,做不来。你要时刻提醒自己是他的爸爸,不是他的竞争对手,是来帮他的,不是来挑刺的,否则孩子会因为怕你而对你教的运动项目失去兴趣,继而对运动本身也产生抗拒,这就非常划不来。如果非要比较,就让孩子和自己比,孩子小时候的自信来源于妈妈的爱和爸爸的欣赏。

有研究表明,家庭中父母一方不参加体育锻炼的比例越高,孩子就越不可能参加体育锻炼,当父母双方都不锻炼时,孩子参加锻炼的概率要比父母参加锻炼家庭的孩子低70%。由此可见,父母榜样的力量是多么重要。

而在现实生活中,很多家庭会有这样的状况,父亲会以工作繁忙为理由不参与锻炼,而母亲除了工作外,更多是因为家务繁忙而无暇锻炼,更不要说专心陪伴孩子共同锻炼了。研究表明,家庭锻炼行为的**代际互动**实际上是一种双向互动关系,既有父母锻炼行为对子女的影响,也包括子女锻炼行为对父母共同参与的带动。

所以,希望"中考体育新规"后,即使父母在被迫陪伴孩子锻炼的过程里,也能受到孩子的正向影响,一同加入到家庭锻炼的活动中来,增加亲子互动,提高整个家庭的身体素质。

2. 专业的事交给专业的人去做

有一些家长在陪伴孩子锻炼的过程中完全是甩手掌柜,把孩子送到俱乐部或培训班后,啥都不管了。还有一类家长,自己爱好体育,所以常常会给孩子一些指导,而这些指导却很不专业,会影响专业教练的教学。

朱洁(北京中国网球公开赛体育推广有限公司客户服务高级经理)在

采访中说道：

我们这里打网球的孩子有一个很普遍的问题，就是家长过度参与。有些家长自己会打几下，自己就成了孩子起初的教练，打到后来，一定要请专业教练时还在旁边指手画脚，弄得孩子不知道是该听教练的还是该听爸爸的。我真心呼吁那些家长，既然您请了专业教练就听教练的，专业的事交给专业的人去做。

在这个问题上，邢傲伟也深有感触地说：

我觉得父母在孩子训练时不要干预太多，只要做到高效陪伴就好了。我女儿现在坚持的滑板、滑雪，都是她真心喜欢的。但即便这样，也会出现怕受伤、怕累、动作做不出来心烦的时刻，这都是非常正常的。作为一个奥运冠军，我曾经把对自己的严格要求用在女儿身上，发现不仅对于提升孩子技能帮助不大，还容易影响我们的亲子关系，就像科比也不教自己的女儿打篮球一样。后来我就改变了策略，不再和女儿较劲，而是积极地和她的教练沟通，让教练承担主要的教学任务，而我只负责高质量的陪伴——五个小时的全程关注。让专业的人来指导孩子，这样的效果会更好。

俗话说："关关难过，关关过。"陪孩子练体育的过程是辛苦的，但同时也是充满期待和欣喜的。

孩子是我们家长生命的延续，也是我们甜蜜的负担，陪孩子成长不仅是我们养育孩子的过程，更是我们和孩子一同成长、相互见证的过程。孩子因为我们的帮助健康地长大，我们因为孩子的出现而不断地修正自我，变得更加完整，这样的家庭和人生才是完美的。

这个教练适合你的孩子吗
　　——选择好教练，配合好教练

　　司东凯是某少儿体能训练中心的创始人兼教练。他给我的第一印象是魁梧、干练，好像在哪部电视剧里见过似的。我脱口而出："您当过兵吧？"他笑着说："您怎么知道？"我说："气质里带的。"他点点头露出两颗可爱的小虎牙。

　　司教练在十五六岁的时候是一个愣头青，拿弹弓崩鸟，踢球砸碎邻居家玻璃，用他自己的话讲就是"坏事干尽"。后来部队来招兵，父亲毫不犹豫地把他送去参军。在部队的日子里，他涅槃重生，表现突出，多次得到领导的嘉奖。退伍后，看到身边很多孩子沉迷游戏，丧失意志，他想到了自己的当初。虽然两代人"闹腾"的方式不同，当年他是在现实中和真人打架，现在的孩子是在虚拟的游戏中和假人战争，但殊途同归，都上瘾找不到方向，那无处安放的青春躁动急需寻找一个宣泄的出口。

于是他成立了体能训练中心，让那些有体育特长的孩子在这里得到施展和精进，让那些精力有余的孩子有个宣泄的渠道，让那些沉迷手机的孩子从游戏的拼杀中走到现实中来，和教练较量、搏杀，也让那些胆小、对运动心生畏惧的孩子在一对一的辅导练习中找到些许的自信和勇敢。

理想虽然很丰满，现实却很骨感。孩子们哪有那么听话，有哭的，有闹的，有一动不动的，还有因为练疼了恨你的。他潜心研究儿童心理，了解学员们的家庭成长环境，因势利导，让学员们一个个从被迫来学，到自愿来学，直至最后不舍离去。

当问到司教练这几年最大的体会是什么时，他动情地说："教育带给人最大的力量就是使命感，当你亲眼看到孩子们的变化时，你会由衷地感到欣慰，觉得自己真的做了一件很了不起的事情。"

的确，在现实生活中只要你的孩子练一项体育运动，教练就会与他结下不解之缘。教练——他既不是学校里的老师，也不是家里的父母，他是两者的结合体，兼顾着老师和父母的双重责任，既要完成教学任务，也要在生活上无微不至地关心、照顾孩子。对于一个练体育的孩子来说，大部分的时间都是跟着教练"混"的，跟着他集训，跟着他打比赛，甚至跟着他吃、喝、拉、撒、睡，所有的喜怒哀乐都交织在这摸爬滚打、嬉笑怒骂之中。

一、什么是好教练

随着孩子学习运动的热情越来越高涨,社会对教练的需求量也在不断攀升,教练的素质也在不断地提升和完善。过去,社会上更偏重教练的专业性,很多教练都是退役的运动员,他们技术很好,但有的教学方法不好,有的性格暴躁,还有的对孩子只是一味地严厉。而现在,人们对教练的要求更加全面了,不仅关注其专业素质,还会关注其文化素质、心理素质等全方位的综合素养。

邢傲伟(奥运体操男团冠军)在采访中这样说道:

> 一个好的教练至少要具备三种素质,第一是专业性,教练的专业性可以决定孩子的未来。第二是洞察力,每个孩子在每个阶段的变化、进步、退步、身心的成长都需要教练有很好的洞察力,发现问题,才能解决问题。有时成绩上不去,不单单是练得不够,背后有很多因素,细心的教练能从现象找到问题的本质。第三是好的心理素质,教练的心理素质决定了孩子的心理素质。如果教练遇事非常淡定,不心浮气躁,他的学员也会从中习得这种好的心理素质。慌什么,解决问题就是了。

高崚(奥运羽毛球混双冠军)在采访中这样说道:

我退役后在北京交通大学当一名羽毛球教师，兼任高水平羽毛球队教练，我认为，教练员应具备专业的示范能力、科学的教学方法、广博的运动知识。在体育教学过程中，无论强身健体，还是竞技训练，教练员首先要传授正确的动作要领，这是预防损伤的前提条件，也是提高球技的重要法宝。在此基础上，通过丰富的训练内容和灵活的训练手段，达到提高学生身体素质和运动水平的目的。所以，从小向孩子灌输正确的动作理念、进行正确的动作示范，对孩子掌握动作要领、提高运动水平具有积极作用，无论对于强身健体还是竞技训练，都是大有裨益的。

孩子喜不喜欢一项运动，很大程度上取决于他喜不喜欢这个教练。一个好的教练不光要技术好，还要有好的品格和迷人的人格魅力，这会让比他年龄小的学员打心里服他，崇拜他。这一点非常重要，因为小学阶段的孩子模仿力非常强，特别是同性模仿，俗话说看样学样。有的教练技术很好，但满嘴脏话，负能量满满，素质低下，这样的教练技术再好也要慎选。

李明哲（某篮球俱乐部北京精英赛成员）的妈妈在采访中说道：

明哲在球场上遇到磕碰、摔倒，或者面对困难想要放弃的时候，遇到一些很阳光的教练，他们以男性的方式或者是大哥哥对小弟弟的方式去鼓励他，这让孩子非常受用。

篮球机构的教练，其实并不是我们想象的都一米八几，好多教练并不高，有的可能也就一米七多一点。最开始上课的时候，家长也会有疑问，这是篮球教练吗？可是后来你会发现，篮球是分两派的，一个是街头派，一个是学术派。他们每个人打球的风格都不一样，但有一点是共同的，那就是热爱，热爱篮球，热爱自己的学员。身高可能会限制你一部分的发挥，但是它限制不了你喜欢这个运动和对教学的热爱。这也让那些喜欢篮球但身高不理想的男孩子看到了希望。教练会让你知道在这个球队里，只要足够认真，足够能吃苦，一定会有一个位置是适合你的，也会有一个时段是属于你的，或许在上半场，或许在下半场，哪怕只有那么几分钟，这让每个孩子都觉得自己是有希望的。

李明哲在没上精英班之前，他所有的下蹲都不标准，因为他大腿和腰的力量都不够。一天比赛打下来他会说："妈妈，我腿太疼了，一直抖，我明天上不了课了。"第二天到了球场，教练说你去跑四圈，回来腿就不抖了，因为这块肌肉长期没有运动到，会紧张，你要逐渐唤醒你身上的每一块肌肉。慢慢地孩子就明白了这是一个过程，而不会轻易说停下或者放弃。有的时候孩子更听教练的话，教练有一定的权威性和影响力，教练就是孩子的榜样和领路人。

好教练的排序依次是人品好、素质高、技术精。因为他不仅在教孩子一种技能，还会影响孩子对世界的认识。

一个人品好的教练，不用说太多道理，自己就是榜样。孩子的心都是向好的，向着光的一面的，他们佩服、崇拜这个教练，就自然会向他看齐，学他的样子。

一个素质高的教练，不只讲运动，他会将运动和其他学科结合起来，深入浅出，运用学生所学的其他知识来帮助学生打开思路，理解概念，提高水平。

一个技术精的教练，能够准确地找到孩子的问题所在，制订符合孩子特征的训练计划，让孩子的运动水平有明显的突破和提高。

如果真能遇上这样的教练，孩子们何其有幸。

二、如何选择好的教练

几乎所有的家长都知道教练对孩子的重要性，好的教练不仅能让孩子爱上这项运动，还会引领他们走上人生的巅峰；而不好的教练不仅会让孩子在学习的道路上半途而废，还会让孩子在心理、意志各方面都遭受挫败，甚至一蹶不振。具体地说，好的教练会让孩子愉快地接受他的教导，成绩也会飞速提高；不好的教练，不仅训练效果出不来，影响成绩，还会让孩子在身心上备受折磨。

茗茗（十一岁女孩）的妈妈在采访中说道：

> 我们最开始找的是一个比较有名的教练的弟子，专业性毋庸置疑。当时我们全家都觉得能找到她真是孩子的幸运。可没想到茗茗连着上了几次课回来都闷闷不乐，一问她怎么了，她就说没什么。嘴上说着没什么，可对去上课这件事，孩子真是肉眼可见地越来越

排斥，甚至有一次，听说要去上课竟然莫名地胃痛。我刚打电话取消当天的课，孩子的胃没一会儿就不疼了。我问她是不是装的，她说妈妈我刚刚是真的疼。后来我问身边学心理学的朋友，才知道心理压力过大确实会引起胃疼。经过我再三询问，茗茗才告诉我，老师每次上课都会说自己曾经带过谁谁谁都拿过什么奖了，自己师从有名的大教练，能来教茗茗是我们的幸运，过了这个村没这个店了。茗茗动作一出错她就特别不耐烦地说："为什么不愿意教你们这样的？就是笨！"另外，教练上课迟到，接打电话，出去拿外卖，边上课边吃饭都是常事。我听后都惊呆了，这才知道为什么一开始老师就强调不让家长陪着上课……

后来我们果断退课，选择离家近的小机构里一个非常年轻的女教练。看她的履历，确实不如上个教练，但是她温柔又耐心，孩子进步一点点，她就很夸张地表扬，孩子有时练一个动作反复失败自己急了，教练也会特别耐心地安慰她，让她做退阶训练找回自信。说实话，我对茗茗都没这么有耐心。现在跟着这个教练已经四年多了，茗茗虽然不会往专业这条路上走，但是我相信她这一辈子都会喜欢运动，作为家长我真的太感谢这个教练，无论体育还是文化，育人都比教技术更重要。

那么我们该如何给孩子选教练呢？是优先选专业的教练还是选孩子喜欢的教练？选好了教练又该如何教孩子积极地配合教练呢？

我个人认为，在不同的阶段我们对教练的选择标准是不一样的。

在孩子初次接触一个运动项目的时候，应该首选孩子喜欢的、有亲和力的教练。因为此时孩子尚小，抗挫能力差，那些非常专业的、严厉的教练会让孩子觉得自己不够好，常常会有挫败感，从而失去了对这个项目的兴趣和继续练下去的信心和勇气；相反那些风趣、幽默，懂得儿童心理的教练可能会让孩子在各种游戏中一下子就喜欢上这项运动，就像我们前面提到的，点燃很重要。

就拿孩子学钢琴来说吧，大家都知道指法很重要，但对于四五岁的孩子而言，整堂课都在那里练指法，他会觉得这件事太不好玩了，于是就不想再练钢琴了。运动也一样，运动初期，让孩子爱上这项运动是关键，那么能让孩子爱上这项运动的教练就是好教练，等孩子练到一定程度后，我们再给他选择相对专业的教练。

李明哲的妈妈在采访中也这样说道：

有个事我必须实话实说，不同阶段的教练所起的作用是不一样的。孩子在初级校区学得再好，一旦被拉到集训班的时候，都会发现教学总监带出来的班和校区教练带出来的班差别太大了。一个是注重基本功、运球，一个是注重战术上的研讨，根本就不是一个层级的。无论你的基本功和体能多好，如果在球场上完全没有任何配合意识，打比赛也不行。

精英班课后，每个孩子都必须要写出你自己的优点和缺点，然后写出同伴的优点和缺点，最后写出自己在这节课的亮点，比如今天是篮板球好还是胯下运球好，你必须要清楚，赛后总结特别重要。

我就感觉孩子以前有很多珠子，但是他串不起来，现在教练帮他把这一颗颗珠子串起来了，他用起来更连贯、更自如了。我真的觉得每个教练在不同的阶段作用都是不同的，不是高下之分，是要在每个阶段找到和孩子最匹配的、最适合他的教练才好。

大学教授未必教得了幼儿园的孩子，因此找到和自己孩子这个阶段最相匹配的教练才是重中之重，不要一开始就盲目迷信名师。

三、教练对孩子一生的影响

对一个练体育的孩子来说，教练的作用往往要大于父母，他们更能接受教练的批评那是因为教练有一定的权威性，反过来，如果教练的批评、引导起到了好的作用和效果的话，孩子今后也更能接受父母的批评和指正。

傅迈伦在采访中这样说道：

我认为教练和老师还是不太一样，教练比老师更直接，更凶。小队员和教练之间应该是那种忘年交的关系吧，因为很多教练年纪要比我爸爸还大。我打球的时候，我爸爸才三十多岁，我的教练已经四十多岁了。我记得每天训练的这一个小时我都要听他的指令，小时候经常会被他骂哭，说实话当时有一度挺恨他的。

但是后来我有一个惊人的发现，那就是从小练体育的孩子青春期的时候反而会更听父母的话。为什么这么说呢，因为父母有时和你讲的道理不能马上应验，有的道理一辈子你都未必用得上，比如他说，你要好好学习，长大以后才能找到好工作，才能有出息。长大那是多么遥远的事情，它一点都不具象。但教练告诉你这个球得这么打，你如果不听他的，你就会输球、输比赛，那是立竿见影的，马上就能看到结果的，所以即使他再骂你、凶你，你只要照着教练的方法去练，你就会出成绩，就会进步很大。训练一个月，半年后，你的进步是看得见、摸得着的，甚至是明码标价的，原来不能跳的，现在能跳了，原来打不过的对手，现在能打过了，怎么说呢，就是把一个小孩子内心不太能理解的那些教导都具象化了、结果化了，这时候你会发现，他很神，听教练的话是对的。他之前用那么严厉的语言训你让你不舒服，并不是他有多讨厌你、不喜欢你，只是他教学和表达情感的一种方式，他是对事不对人的，他只是希望你好，希望你能打出成绩，当你打败对手后，他会比你还高兴，这时候你就不恨教练了，反而从内心特别感激他。

有一句话叫"严师出高徒"，有时候教练越骂你，对你越严格，你进步得越快；他要是总夸你，或者不怎么管你，你进步的幅度反而会小，这样你会更能接受批评，因为你看到了批评给你带来的好处。长大一些后，回家面对父母的批评时，就不会有那么激烈的反抗情绪，反而会更加体谅父母的良苦用心了，如果没有之前和教练的这种磨合，很多孩子在青春期是不太能接受父母的批评的。

钱红（蝶泳皇后、奥运冠军）在采访中这样说道：

对于我们这些专业运动员来说，和教练的关系比和父母还要近。就拿我来说吧，我十二岁进入河北队后就是冯晓东教练带我，十四岁我到了国家队，冯教练和我一起过去，把我一路带到奥运冠军。我跟着这个教练整整十二年，我成长的关键期都是和教练在一起的，对教练的感情甚至超过了父母。

冯教练为人低调，宠辱不惊，情绪特别稳定。他自己这样，也这样要求我，所以我一路走来，成绩稳步上升，运动生涯比较顺利，没有什么大起大落，这和教练的品格和作风有很大的关系，我非常庆幸此生遇到了他。

在家庭教育中我们常说的一句话就是，所有的人都是你生命中的过客，父母才是你一生的老师。但对于那些练体育的孩子来说，教练才是那个长时间和他们朝夕相处的人，因此，遇到一个好教练，那是一生的幸事。

四、如何教孩子积极配合教练

家长在给孩子选择好教练的同时，也要教孩子积极配合教练。这是一个能力，需要家长教育、培养和给予。这个能力有了，孩子就会更加积极、主动地配合教练训练，完成任务。选择适合的教练、匹配的教练是我们家长的任务，选好教练了，教练和孩子为了达成目标就需要双向奔赴，这时孩子出现的各种思想波动都需要家长给予及时的调整。

1. 尊重教练，在孩子面前树立教练的威信

要想让孩子听教练的话，服从教练的管理，首先我们要教会孩子尊重教练，孩子对教练的尊重往往来自家长对教练的尊重。有些家长总是自以为是，动不动就找教练的茬，并且当着孩子的面羞辱教练，这是非常不可取的，这会在无形中给孩子的成长带来很不好的影响。

石良（十一岁北京市空手道运动员妈妈）在采访中这样说道：

您知道吗，有些家长真的很没素质，他们竟然会当着众多家长和孩子的面殴打教练。我们孩子是练冰球的，有一天，孩子们在一层的冰场训练，我们家长在二层的看台上观看，突然，一个家长从二楼看台的座位上猛地站起身来直接冲进了训练场，当着全队队员的面，揪着教练的脖颈子就打，后来我们才知道好像是因为他的孩子没做好，教练训了他的孩子，可能是轻轻推了一下。

当时，我们这些家长都看蒙了，这对孩子的影响太坏了。能来学冰球这项运动的，相对来说，都是家里经济条件比较好的，很多孩子都是家里司机、保姆陪着来，或者家长开着豪车来的。但家境好，不意味着家长的素质就高，里面也有很多家长是暴发户心态：我家有钱，我儿子高贵，你敢训他，我就揍你。这样的环境对孩子真的不好，至少在我们的认知里面，家长是不可以打老师、打教练的，你有什么事儿，哪怕你觉得这个教练的方式方法有问题，对你儿子太苛刻了，也要课下说，私下说，不能当着所有孩子的面这样做，这给孩子带来多不好的影响，他们以后怎么会从心里尊敬教练、服从教练呢？

小孩子在品行、素质上的养成，大部分是模仿大人，从平日里观察到的大人行为中习得的，家长尊重老师，尊重教练，孩子才会尊重他、服从他，向他学习。在这方面父母好的榜样对孩子来说非常重要，不要当着孩子的面，对教练做出负面评价和不敬行为。

尊师是你做家长骨子里的认知和修养，你的底线决定了你孩子的文野高下。

2. 教孩子学会服从教练

我们的孩子在家都是宝贝，集所有大人的宠爱于一身，送来练体育的时候，家长会千叮咛万嘱咐，总希望教练能给予自己的孩子特别关照。但是体育本身就是一个规则感、原则性很强的事情，在国家队服从就是第一要务。

石良在采访中这样说道：

如今练体育的孩子，尤其是那些上私立学校的孩子，很多家庭条件都比较好。在私立学校老师是把学生当客户的，凡事都顺着你，宠着你。孩子在家里被老人宠着，在学校被老师宠着，根本没人敢狠批他们。但是教练就不同了，相对来说，教练还是比较简单粗暴、比较严厉的，这样一来孩子就受不了了。几乎每天都有家长在向教练求情，每个孩子都要求被特殊照顾，这么多孩子，教练哪顾得过来呀！

我觉得体育天然就有规则，学员就是要服从制度，听从教练。现在的教练会比以前的教练更人性化一些，因为他要接受更多的培训，包括专业方面的、儿童心理方面的，肯定是越来越好的。

但是我始终觉得，家长还是要教孩子服从教练。你事先给他灌输这种意识，做好心理建设，他在训练中就会相对配合，他会觉得他应该这么做。如果家长事先都对孩子说，你觉得不舒服就和教练说哈，那就真起不到锻炼孩子的目的了。

我就是前面这种家长，我不会对教练太挑剔，只要他的专业性够，我就会让孩子去适应教练，我觉得没什么可太挑教练的，你练就练，不练拉倒，那么多孩子排队练缺你一个吗。我当妈妈的就是想放一下，看看孩子会怎么样，结果发现他也能适应啊。所以我的孩子有今天的成绩不是说有什么特别的天赋，就是服从性特别好，教练让练啥他就练啥。

教练和队员的关系很微妙，相爱相杀，有时他们是一对共同体，因为他们目标一致，都想取得好成绩。有时他们又是一对矛盾体，因为教练对孩子是有要求的，你想提高成绩，你的训练量就要上来，对目标感不是很明确的孩子来说，他肯定是排斥的，所以教孩子服从教练会省去很多不必要的麻烦，快速达到共同的目标。

真心希望我们国家能够培养出更多有专业水平、高素质、全方位优秀的教练，带出更多优秀的运动员的同时，也让更多普通家庭的孩子爱上运动，迷上体育。

在孩子们的人生道路中除了父母、老师还应该有教练这一角色的加入，让孩子们的人生色彩更加绚烂，关系更加多元，身心更加健康。教练们，加油！

我的儿子不再被人欺负了
——运动给孩子带来的变化

轩轩是一个非常壮实的小学三年级的学生。他擅长冰球和空手道，但学习这两个项目的起因竟然是不想再被班里那个不讲理的女同学欺负。

轩轩上二年级的时候，同桌有个学霸女生常常欺负他。看到这里，你或许会对这个定语有疑惑。学霸？是的，学习好的同学里不乏性格乖张跋扈、盛气凌人之辈，加之平时学习成绩好，有"好学生"的刻板印象，即便欺负了别人，老师和同学也不会相信。女生？是的，谁说女生一定是弱者。数据表明小学阶段女生的身高、体重都会超过同年龄段的男生。因此一个身形瘦弱矮小、学习又不怎么好的男生在班级里受女学霸欺负就不足为奇了。

因为学霸女生的带头,班里一些体形高大的男同学也会时不常地推搡他、控制他。胆小的轩轩不敢出声,默默忍受着。有一次他实在忍受不住了就和妈妈提出他不想上学了。

妈妈思忖再三,因为挨打这事总去找老师告状也不是长久之计,况且这也不能从根本上解决问题,问题的关键还是孩子自身的气场不够,只有让孩子无论从外形、力量还是气场上都变得强大起来,孩子才会不再受欺负。于是,轩轩妈妈决定在已有的冰球班之外再给轩轩报个空手道的训练班。经过两年的训练,轩轩的体格变强壮了,腿脚也更有力量了,同时还学到了很多运动礼仪。

有一次轩轩回家告诉妈妈,那个女生今天又打了他。妈妈问:"你还手了吗?"轩轩马上摇摇头说:"我没有,您之前和我说过男生是不能打女生的。"妈妈说你做得对,这事妈妈来处理。于是,轩轩妈妈就在班级群里发了轩轩这两年来获得的各种空手道等级证书以及北京市空手道比赛一等奖证书,还有冰球的视频。她声色俱厉地告诉那个女孩的家长:"我儿子不还手那是因为他有教养,是因为他听了我们的教导不可以对女生动手,但是如果你女儿一而再、再而三地欺负他,他若还手,以他的力量和受训程度我可以肯定地告诉你,受伤害的一定是你女儿。"

这条微信发出后,再也没有人敢欺负轩轩了,那个女生还主动和他成了好朋友,因为她希望日后轩轩能够保护她。

2022年北京冬奥会前夕,轩轩还作为冰上运动爱好者代表全校同学在操场上发言、宣誓。两项运动,几年的时间彻底改变了这个孩子,他从一个瘦弱、胆小的小男孩变成了一个强壮、自信的男子汉。

运动给孩子带来的变化除了不受欺负外还有很多很多。这一章节里，我们用一个个鲜活的例子让家长更直观地看到运动给孩子带来的神奇变化。

一、孩子不再爱生病、受伤了

李明哲（某篮球俱乐部北京精英赛成员）妈妈在采访中这样说道：

其实李明哲刚开始学篮球是因为三岁半那年得了过敏性鼻炎，当时情况特别严重。他不停地咳嗽，几乎不能躺着睡觉，一平躺鼻涕就倒流，会呛着气管，并且还伴有些许哮喘。大夫说运动能提高他的免疫力，有了免疫力他的过敏就会稍微好一点。于是，他四岁半就开始打篮球，三年以后他的过敏症状几乎消失了。

另外，我发现自从他打篮球之后，就不太容易受伤了，偶尔受伤都是因为打比赛时出现一些比较激烈的冲撞导致的。但平时无论是轮滑、跑步，他都不太容易受伤。比如两个孩子同样摔跤，你就听到旁边那个"啪"的一声，脸直接着地，而他的身体则会有一个后仰，侧身倒在那儿，胳膊、腿或者脚支撑在地上，这样基本上受不了伤。教练说这就是练体育的孩子，他们的身体会有一定的弹性和韧性。

钱红（蝶泳皇后、奥运冠军）在采访中这样说道：

我的三个女儿都是在小学二年级的时候拿到了国家二级运动员资格，不是说她们的身体条件有多好，而是她们在恰当的时候做了正确的事。比如说，孩子可以一口气跑下三千米，其实只要从五六岁开始练习，很多孩子最后都可以做到，并不是只有运动员的孩子才可以做到，但是练和不练是不一样的。我的三个孩子最后没有一个是练游泳的，两个打网球，一个学画画，但她们的身体素质、体能都非常好，很少生病。

二、面对困难，孩子不会一味逃避了

1. 毅力是练出来的

陈露（中国第一位花样滑冰世界冠军）在采访中这样说道：

练体育的孩子就是比不练体育的孩子更有毅力，这个毋庸置疑。运动，我们就拿花样滑冰来说吧，您知道训练场里的这些孩子每天要面对的是什么吗？就是不停地摔倒、爬起，然后再摔倒、再爬起。

一般的小孩子一年都摔不了一个跟头，摔一个跟头家长就心疼得不得了，我们这里摔跟头就是家常便饭。他面对的是什么，就是困难，他要做的就是想尽办法去解决困难，怎么样做下次才可能不摔倒。所以当这些孩子面对困难、挫折的次数多了，有了一定免疫力的时候，心理的承受力也就自然强了。其实吃苦精神真不是一个抽象的概念，它是很具象的，就是具体到每一个动作、每一次摔倒，当孩子每天浸泡在这样的场景下，你不用和他讲什么大道理，练就是了，练出来了，吃苦精神、意志品质自然就有了。

2. 体育让孩子不断面临挑战

王丽萍（奥运竞走冠军）在采访中这样说道：

体育会让孩子不断地挑战新目标，你翻过一座山，刚想歇歇，马上又要去攻克下一座山，前方总有新的目标在等着你，你要一次次地去挖掘你的潜能，调动你的斗志，去挑战新的高度，想要做到这些，你必须有坚持不懈、永不言弃的精神。

现在孩子缺少的就是这种精神，在我们田径俱乐部里，练过半年以上的孩子，那种状态和新来的孩子是完全不一样的，这种差别不是技能上的，而是精神状态上的，当孩子具备了这种精神，还怕做不好其他事情吗？

3. 特定的环境会激发孩子的坚强

李明哲妈妈在采访中说道：

我的孩子是练篮球的，比如篮球练胯下的时候必须下蹲，需要练腰和腿的力量。孩子蹲久了就容易站起来，这时候教练就会拿一个东西压住他腿的前侧。我们这些陪着孩子练的家长在球场和体育赛场上经常会被孩子们的毅力所感动和震撼。有的孩子特别坚强，他的腿都抖成那样了，依旧一动不动，依旧蹲得特别认真，即使疼得掉眼泪，还在那里坚持。看到这种场景我们这些新学员的家长就会倍受鼓舞，觉得自己家庭教育里不能给到孩子的那些东西在这里补上了。

其实，我们家长希望孩子具备的很多优秀品质，比如坚强、有毅力、勇敢、不怕困难这些并不是要用道理讲出来的，而是孩子在实际生活中切实体验出来、自己悟出来的，而运动就是培养孩子优秀品质的一种方式。

三、孩子不再沉迷游戏了

现在很多家长最头疼的就是孩子打游戏上瘾。一旦上瘾，孩子就会晚上不睡觉躲在被窝里打，白天顶个昏昏沉沉的躯壳去上学，整日无精打采，恶性循环。如何才能让家里的神兽们打游戏而又不上瘾呢？

陈露在采访中这样说道：

> 我的两个孩子，还有我们俱乐部的小学员几乎没有打游戏成瘾的。为什么？没时间呀！我认为孩子从小养成"时间管理"这个习

惯非常重要。

孩子一天要做的所有事情都要有个时间表，几点上课，几点训练，几点画画，什么时间打游戏，所有的事情都有固定的时间，让它形成一个规律，慢慢孩子就觉得一天就该是这么忙忙碌碌的。或许你会觉得孩子好累呀。其实不，这里面的安排是脑体结合的，文化课学完了，体育训练，运动完了，弹琴画画，相互调节。很多孩子你一让他玩，他不知道玩什么就开始打游戏，游戏这东西你如果不控制它，一打就上瘾。

孩子打游戏会上瘾，是因为有太多家长看见孩子哭闹就妥协，这个还是家长的问题，你可以安抚他，但规则不能破坏。所以说练体育的孩子相对会比较自律，就是因为从小养成了时间管理的好习惯。

我个人认为运动和游戏最本质的不同，就是运动是先苦后甜，游戏是先甜后苦。所以家长在孩子接触游戏之前先让孩子接触运动，养成运动习惯后，就不太会游戏上瘾。

四、孩子有团队意识会顾念他人了

现在很多孩子都是家中的独生子女，集长辈的万般宠爱于一身，在群体中缺乏团队意识，唯我独尊，但是运动可以很好地改变孩子的这一特质。

傅迈伦（香港岭南大学硕士研究生）在采访中这样说道：

我之前羽毛球是练单打的，只要自己技术好就行，后来教练让我练双打，这才发现原来双打要比单打难多了，因为双打除了技术，考验更多的是选手之间的配合。双打比赛，两名选手必须同时都在状态，如果一方状态不好，都不可能赢球。如果出现了失误，教练会要求我们不许埋怨对方，因此一旦有打坏的球我们都会说"我的，我的"，如果对方打了好球，我们会鼓励对方，称赞对方。两个人必须合二为一才能打好比赛。这对磨合性格、脾气帮助特别大。

我上大学后还是排球队、篮球队的队长，其实并非是我球技有多好，更多的是我人缘比较好。因为从小打球，这种经历让我知道你不仅要和教练、合作的队友相处，还要和一个大的团队相处。一个大的训练队有四十多号人，一队、二队各有二十多人，和这么多人相处下来，并不是一件容易的事情。因为有的孩子对陌生的环境不适应，有的孩子家教不好，说话没大没小、没轻没重，不懂得尊重别人，有的孩子性格比较孤僻不太合群，你都要去适应并且包容他们。慢慢地我的团队意识就比较强，遇事会先考虑大家，而不是只考虑自己，这真要感谢打球的这段经历。

李博士（清华大学土木工程学博士）在采访中这样说道：

我曾在研究生时期担任过系里的足球队长。足球不是单单靠个人的技术就能够取得比赛胜利的运动,就算梅西技术再好,也得有苏亚雷斯给他传球呀!在球队中,每个队员的身体素质、技术水平是有差异的,要想组成一个坚强、有力的球队,必须在激烈的攻、守转换过程中步调一致,配合默契。

我在踢球的时候,会特别观察每个球员,虽然他们的分工不同,但在球场上球员的球品是一目了然的。有的人在踢球时就只顾自己过人,出风头,不会给别人传球,没有大局意识。有的人在踢球的时候就不会只考虑自己,他会把球传给位置更好的人,后来我在工作中发现踢球顾全大局的人在工作上也是如此,真可谓球品如人品。

一个球队的团队意识,可以从比赛时所有队员表现出的强烈求胜意愿中看出来。一个球队,队长是灵魂人物,他不光要自己球踢得好,更重要的是有凝聚力,有事他会冲在前面,会为他人默默奉献,起码他的行为、做派是被别人认可的,是无私的。作为队长,一方面比赛不到最后时刻绝不轻言放弃,不能让球队泄气;另一方面,队里其他队员踢得不好,不说人家,不当球霸,多鼓励,少指责。当了几年队长,参加工作后我的团队意识明显比之前强了许多,工作也得到了领导的认可。

还有一点很有意思,那就是球队里出来的孩子一般不太会被人欺负,因为大家都知道他背后有个团队,如果这人被别人欺负了,肯定会有人替他出头,这就是团队的力量。

几年前,白敬亭主演的热播电视剧《乒乓荣耀》里有这样一个镜头:在日常的训练中,一个队员迟到了,会全组受罚,这样大家就会明白个人行为对球队整体的影响。这种制度导致队里每一个成员都会严格要求自己，遵守规范，不因为自己而影响他人。

五、孩子变得更自信了

几乎所有家长都知道自信是孩子成功的第一要素，而运动给孩子带来的自信是最直接、最显而易见且相对快速的。以前孩子1500米跑不下来，经过半年的训练跑下来了；以前孩子不会投篮，经过三个月的训练可以投篮了。每一个阶段取得的小成绩都会让孩子感到无比雀跃，因为这种进步他是可以看得到、摸得着并且切身感受得到的。孩子为自己制定的目标是明确的，大目标可以拆分成许多个小目标，小目标逐一实现，那么离大目标的实现也就不远了。

赵成恩（十二岁的网球队员）在接受采访时这样说道：

我八岁开始正式学习打网球，九岁就打到了海淀区的亚军，我的自信就是在那一年建立起来的。小时候我长得不算漂亮，人也不是很聪明，学习成绩一般，就是那种扔在人堆里就被淹没的那类人，其实心里一直是有点小自卑的。直到开始打球，我发现自己在球场上整个人都变了，教练说我速度快，接、发球准。我突然觉得自己很牛，与众不同，后来我就玩命练，希望最终能成为一名优秀的职业选手，我们家的命运也能因此而得到改变。我感谢网球，它成就了我。

每个孩子都会有不同的天赋和智能，有的孩子的智能在语文、数理逻辑上，有的孩子的智能在律动、音乐上。只要能发挥出他们的优势智能，每个孩子都能成为最好的自己，都能活出精彩的一生。

华天（中国奥运马术三项赛骑士）在采访中这样说道：

> 从小学习马术的孩子，不仅可以在马场上学会如何骑马、驾驭马，还能通过长期的训练、比赛，学会处理各种临时突发问题、紧急事件。这是一种更大的驾驭感，这种驾驭感就是通过自己的智慧、定力、能力去处理、掌控很多不确定的事情。这种自信和能力的培养对小孩子来说非常重要，之所以很多优秀的运动员退役后做其他事情也会很出色，就是因为他具备了这种素质。

孩子的自信源于三个重要因素：第一，婴幼儿时期是否得到了父母，尤其是母亲无条件的爱；第二，是否有一个和谐有爱的家庭环境；第三，青少年时期是否有让自己骄傲的一技之长。如果前两个都做到了，祝贺您，如果没做到，赶紧弥补，让孩子多参加运动，因为运动会让孩子获得灵活的身体、敏捷的动作、缜密的思维和精确的判断，这些都会给孩子带来实实在在的自信。

六、孩子变得更优秀了

运动会全方位地提升一个人的素质，会让人更容易接触到更好的人、更大的平台，从而使自己变得更自律、更优秀。

1. 结交更多优秀的人

于梓（十一岁女孩）在采访中这样说道：

说实话，我特别喜欢去外地集训，因为在那里可以遇到很多来自不同地方的学员，山西的、湖北的、浙江的……我以前都不知道那些地方，看见他们我会特别好奇，和他们聊天我才知道世界原来这么大，不只是我待的这一块，人和人也是那么的不同，真的太有意思了。而且集训营里学员的年龄也不一样，在那里我遇到了很多比我年龄大的学员，从他们身上我学到了很多东西，等我集训回来，妈妈说我一下子长大了好多。

钱红在采访中这样说道：

我发现一个特别有意思的现象，那就是你的成绩越好、越出色，你就越能接触到你喜欢的人，越容易交到朋友，朋友的质量也会相对较高。后来我想明白了，因为优秀的人，他们的特质都是相通的：

上进、自律、勤奋。在三观、生活习性诸多方面都有很多共通的地方，也正是因为相似，彼此也更容易成为朋友，惺惺相惜吧。

2. 自己变得更优秀

李明哲的妈妈在采访中说道：

李明哲是一个很慢热的人，自打去年开始打精英赛之后性格上就有了一些变化。当时是全北京校区三千多人挑十四个人来打精英赛，各校区最优秀的孩子凑到一起打了十五天，大家都很珍惜这个机会。对一个孩子来说，更优秀的人，更好的环境，真的能起到非常快速的催化作用。这些孩子每一个人身上都有非常明显的闪光点，根本不需要特别观察，太显而易见了。你只要去快速认识队友，就能知道每个人的比赛风格，这便于快速组队训练和比赛，因此经常会有人主动和明哲搭讪、交流，这让他第一次体会到什么叫主动、积极。

等他回到他自己校区的时候，我们发现他会去模仿在精英赛中与队友的相处模式，也会特别积极、主动地带领着他本校区的一些孩子训练。精英赛让他对打篮球这件事情有了信心，他觉得自己起码也是打过精英赛的人了，再回到这个校区，他是可以教别人的，引领别人的，打篮球让他遇见了更好的自己，也不知不觉地培养了他的领袖意识。

3. 付出后的获得更有含金量

石良（十一岁北京市空手道运动员妈妈）在采访中这样说道：

运动给人身体上带来的舒爽、视觉上带来的美感都是很干净的、积极的、高级的，这种感受太奇妙了。为了给孩子做榜样，我自己也会去运动。每次我上完网球课后都会感觉到由内而外的开心、快乐和充实，就是那种心里满满的感觉，它和去商场买个名牌包的快乐是不一样的。你说买包开心吗？也开心，但过一会儿心里就会觉得空。而运动的快乐就是先苦后甜的快乐，你要经历呼吸急促、心跳加快，然后才能感受到那种舒爽，这应该就是内啡肽的作用吧！对，这种舒爽是买包无法实现的。买包花钱就可以实现，当然挣钱、攒钱也很辛苦，但运动需要你具备一定的品质，能吃苦，能坚持，举个例子我想要再买两个包，有五万块钱，明天我就能拥有，但是我想让自己的比赛成绩提高可没那么容易。

所以我觉得运动给人带来的快乐是高级的，是一种让你更有成就感的快乐，运动后我越发觉得坚强的意志品质就是一种奢侈品。这种奢侈品花钱根本买不来，你只有不断地付出、不懈地坚持才能换来，所以它更高级，更难能可贵，无论大人还是孩子都一样。

4. 运动打开眼界

朱洁（北京中国网球公开赛体育推广有限公司客户服务高级经理）这样说：

运动可以给孩子打开另一个世界，我们国网中心不久前组织了一场公益活动，让西藏的小朋友来北京看网球比赛，参加球员酒会，和世界各国的球员交朋友，让他们通过网球了解体育赛事，同时也了解世界。

运动员有国籍，但体育无国界，因此体育会成为国际交流的一个很好的媒介和桥梁，之前我们就有乒乓外交、网球外交。我们希望网球运动能给孩子们打开一扇窗，通过这扇窗，看到竞技体育中对抗的快乐并感受到体育精神的力量和魅力。

总之，作为家长如果你对自己孩子的现状不满意，那么请带他去运动，运动会让孩子改掉很多不好的习性。您所希望看到的挺拔的身姿、健康的身心、坚强的意志、自律的习惯、广博的见识，运动都可以打包实现。不信，从今天开始，孩子的变化会证明给你看。

约吗？一起打个球
——悄然兴起的运动社交

小宇原本是个有些"社恐"的男生，除了学习，平时不太爱和同学聊天、交往，常常一个人闷在家里看书、上网。

小宇妈妈却是个"社牛"。她觉得儿子总这么宅在家里不是个事儿，对以后的成长、发展有很多弊端。正常的社交有利于孩子了解社会、拓宽认知，也会让孩子知己知彼，看到别人眼中的自己和自己眼中的别人，还能学会配合、包容。可孩子的性格一时半会儿也改变不了，小宇妈妈便暗自生出一计，给孩子报了一个羽毛球班。她和教练沟通了自己的想法，想通过打球来提高儿子的社交能力，教练听后表示一定积极配合。

接下来的日子，教练不仅教小宇打球，还像大哥哥一样主动和小宇聊天，并时常给小宇安排一些双打，在双打的过程中教会小宇如何与队友相处。

一年下来，小宇妈妈惊讶地发现小宇的性格开朗了很多。不仅喜欢开玩笑了，而且还学会了换位思考。小宇妈妈感慨地说，运动真是个"三门"老师呀：让孩子走出了家门，打开了心门，转动了脑门。小宇现在很自得，既可以在家独自一人安静地学习，又可以和队友在教练的指导下合作打球，还能和大家一起聊天、游戏，他觉得这样的自己很好。

"约吗？一起打个球"成了当下一种时尚的社交语言。运动社交开始在年轻人中渐渐流行起来，并悄然形成了一股风气。

体育的重要性众所周知，但对大多数人来说，运动社交还是比较陌生的。其实，无论在国内还是国际，体育一直在社交中发挥着巨大的作用。

一、外交中的运动社交

1. 中美"乒乓外交"

1971年3月，中国乒乓球代表团参加了在日本名古屋举办的第三十一届世界乒乓球锦标赛，并获得男子单打、女子单打、男子团体和女子团体四项冠军。在比赛期间，美国球员科恩因错过本国的大巴车而错上了中国的大巴车。当时中美两国关系还十分紧张，大家见此状况都不敢出声，生怕说错话，造成不好的国际影响，只有当时的世界冠军庄则栋上前和科恩打了声招呼并互赠了礼物。

紧接着4月7日这天，也就是世乒赛的最后一天，在日本酒店举行的招待会上，中国代表队按照毛主席的指示邀请美国代表队访华，这在当时对两国关系来说，有着非常重要的历史意义。因为当时两国正处在隔绝敌对的状态，但中美两国最高领导人一直在寻求接触和对话的机会。而毛主席恰恰在小小的乒乓球中看到了打开中美关系大门的契机。美国前国务卿尼克松知道这个消息后非常欣喜，立刻批准美国代表团访问中国。

4月12日，美国乒乓球代表团和一小批美国新闻记者抵达北京，成为自新中国成立以来第一批获准进入中国境内的美国人并受到了中国政府的热烈欢迎。更令美国人没有想到的是，第二天18000名中国观众来到北京的首都体育馆，观看了中美两国举行的友谊赛。周恩来总理在接见美国代表团时说："你们的这次到来，打开了中美两国人民友好往来的大门。"之后的1972年，美国总统尼克松率代表团正式访华，并签署了《中美联合公报》。

2. 陈毅元帅的"围棋外交"

陈毅元帅从小就非常爱好体育，新中国成立后，陈毅担任外交部长，他把体育巧妙地运用到外交中，打破了中日两国之间的僵局，取得了意想不到的效果。

1958年5月2日，在日本长崎举办的中国产品展览会上，突然闯进了两名日本暴徒，他们把中国的国旗扯下来进行侮辱。事情发生后，日本政府不但没有将暴徒绳之以法并且很快将其释放了。这种行为深深地伤害了中国人民的感情。

为了打破中日交流的困境，1959年日本前首相石桥湛山派出松村谦三组成代表团访华，以示友好。代表团来华后，双方举行友好会谈。陈毅和松村一起下围棋，结为棋友。并建议围棋、乒乓球、书法、兰花都可以谈，只是不谈政治，只谈友好。松村接受了陈毅的建议，开始了外交史上的美谈——"围棋外交"。

1960年，日本组织第一个围棋代表团访问中国，双方建立友好关系。1962年中国组织围棋代表团访问日本，取得巨大成功。

1963年日本代表团再次访华，日本棋院授予陈毅围棋名誉七段的称号，后来陈毅还出任中国围棋协会的名誉会长。在陈毅的指导下，新生代围棋选手聂卫平等人在中日围棋擂台赛上横扫日本围棋手，为国争光。

中日围棋交流的不断发展，推动了两国的正常邦交关系，1964年在日本围棋手的推动下，日本民间举行呼吁八百万围棋爱好者参与要求恢复中日邦交、征集三千万人的活动。此后在中日双方友好人士的共同努力下，两国终于在1972年正式恢复了正常邦交关系。这改变历史的一刻与围棋外交息息相关。

陈毅不仅与日本举行"围棋外交"，还与缅甸举行"足球外交"。他把体育带进外交中，成为现在国与国之间一种常见的外交手段。

作为国际外交的重要组成部分，体育日益成为一种能够跨越国界、跨越不同意识形态和文化差距，展现一个国家形象、促进民间交流的有效手段，在国际舞台上发挥着它独特的作用。

二、商务谈判上的运动社交

体育运动，不仅在外交上起着举足轻重的作用，还给人们带来很多商务机会。以打高尔夫为例，请客户打球的过程中你便可以了解对方的性格特点和思维方式，从而更好地寻求合作的机遇。

商场如战场，遇到好的合作伙伴会为今后的合作奠定良好的基础。合作伙伴的人品在短期的交往中不好判别，但一两场球赛却能在无意中暴露出一个人的品行。

景春婷（中国长城杯业余高尔夫球巡回赛秘书长）在采访中这样说道：

不瞒您说，我的生意订单几乎都不是在谈判桌上谈下来的，而是在高尔夫球场上打出来的。

有一次因为工作需要，我要和韩国的某位知名企业家一起打一场高尔夫。初次见面大家都略显拘谨，因为彼此之前并不认识。于是，我们就在陌生和局促中开始了高尔夫18洞。但随着插T、放球的相互帮助，打爆洞时的相互鼓励以及抓鸟擒鹰时的由衷祝贺，短短的半场球就让我们彼此熟络起来，打到后半场时已经相谈甚欢了，真是有点相见恨晚的意思，最后我们成了非常好的合作伙伴。

一场"约球"可以让合作双方迅速由陌生到熟悉，但如果花同样的时间，大家坐在谈判桌两边干聊，效果未必有这么好。另外，在击球的过程中，双方要共同面对障碍，一起完成任务，这与双方开启合作后，即将面临商战中的血雨腥风是一样的，球赛中的演练非常有助于双方今后的商业合作。

另一位高尔夫工作人员小马这样说：

> 我们在工作中遇到过形形色色的球员：有的不顾安全距离，打完自己的球就自顾自地前进，有的对同组球友不管不顾，有的推杆时踩踏果岭线。这些只顾自己不顾他人的表现，会让合作方在你击中球的一瞬间了解到你的人品。俗话说球品如人品，要不要和这样的人合作，以后是否会合作愉快，对方都会重新考量。18洞高尔夫如同一场考试，复验着每个人的人品和处事风格，为合作者在挑选今后的合作伙伴时增加了一份保险。在当下的商圈里，已经有很多企业家把打一场18洞高尔夫作为重要的考量标准之一了。

为了某种商业目的，很多人在商务社交中会"装一装"，尽显自己的素养和学识。但是体育比赛中，人的品行会在不自觉中暴露出来，所有的"伪装"会瞬间被识破，所以说运动是最好的"识人术"。

三、球队里的运动社交

练过体育的人都会有这样的体会，和队友的感情要比一般的朋友深很多，酷似战友情，战友经历过生死，队友经历过成败。

傅迈伦（香港岭南大学硕士研究生）在采访中这样说道：

这么多年的打球生涯，让我特别珍惜我的队友，我觉得队友更像战友，和一般的同学、朋友不一样。因为共同经历过训练的艰苦、打比赛的紧张和兴奋以及取得成功的喜悦，说得夸张一点，有一种共历过生死的感觉，所以关系更铁，感情更牢固。我目前最好的朋友都是球队里的队员，我个人觉得和平时期最能体现"战友情"关系的应该就是队友了。平日里我们的社交有很多，运动社交应该是相对牢固的一种社交。

有一件事我特别想和大家分享，因为这件事对我的影响还是蛮大的。那年我还在上小学，在灯市口队，有一次打比赛，我把东城队的一个队员打淘汰了，当时我觉得特别爽，而他却哭得稀里哗啦的。两三个月后，我上了初中，进了东城队，我发现那个当年被我打哭的对手居然和我在同一个队里。我心想："我是队里的新人，他会不会报复我？"结果出乎意料他对我非常友好，就是那种可以正视和接受对手比他强，不会因为过去打比赛被虐过而去记恨你、讨厌你，反而会尊重你的人。后来我就以他为模板，用同样的方式去对待我的队友和我的对手，于是在球队里结交了很多朋友。

刚刚结束的 2023 杭州亚运会上，这种战友情也体现得淋漓尽致。女子 200 米个人混合泳比赛中老将叶诗文和年轻选手余依婷在运动员检录处相互打气加油。叶诗文说："我们俩现在所有国内、国际比赛都是携手参加，感谢她给了我特别多的陪伴。"余依婷则表示："我们俩已经一起比了好多场,她就像家人一样陪着我。"

朋友有很多种,队友最牢靠。为了一个共同的目标去奋斗、拼搏,比一般人更同仇敌忾;在一个封闭环境中共同成长、生活,相同的生活体验和感受,比一般人更能共情;在比赛中相互配合,浴血奋战,比一般人更懂得团队的力量。最好的你成就了更好的我。

四、家庭中的运动社交

我们都知道家长对孩子最好的教育就是关注、陪伴和榜样。传统的陪伴大多是妈妈陪孩子学习、练琴,爸爸陪孩子打游戏,但如今越来越多的家长会陪孩子一起运动。

有的家庭,孩子从小就与父母一起运动,一起玩,这样的男孩子更知道什么是男人的力量和品质,这样的女孩子也更自信、阳光和大气。他们不仅在身体上有很好的协调性,也会在家庭运动中感受到来自不同性别的父母亲带来的不同优势,更会在运动中体会到父母对自己的关爱、指导。

张春玲(某三甲医院神经内科主任)在采访中这样说道:

> 我儿子很小的时候,我们就带着他一起滑雪、打球,因为我们夫妻都喜欢运动,所以孩子也从小就爱好运动。现在他长大了,三十岁了,有了自己的工作、家庭,我们聚在一起的时间也变少了,但是每周一次我和儿子固定的网球时间是不变的,这让我觉得很开

心。他小时候打球我们是大陪小，我带着他打；现在他长大了反倒成了小陪大，他陪着我打，运动陪伴是我们家很特别的相处模式。

前些天，我儿子感冒发烧了，作为队长的他不能参加当天"天天有网球"的公开赛了。情急之下，我临危受命，接替他队长的职务。他在家坐镇指挥，我和队员们齐心协力完成了比赛并取得了第三的好成绩，成功晋级。队员们说这来之不易的成绩是我们送给队长最好的一剂良药，祝愿他早日康复。

我和儿子感情很深，我们既是母子也是队友。即使我们平时不怎么见面，也会有很深的连接，这种连接应该是网球带给我们的。比赛就像打仗，一起打过仗的人感情能不深吗，我们算得上是上阵母子兵了，哈哈哈哈。

家庭社交应该算是社交中最小的组成单位，以往大多数的家庭社交是以吃饭为主要形式的聚会，而以运动为纽带建立起来的家庭成员之间的社交真的是新潮又健康。

五、个人生活中的运动社交

说到社交，尤其是女性社交，人们首先想到的就是"逛吃、逛吃"——逛商场，吃美食，喝咖啡，聊八卦。但这几年，运动社交却悄然兴起，逐渐成为大众生活中的一股潮流。

1. 和闺蜜一起做瑜伽

周智芳（某出版社资深编辑）在采访中这样说道：

　　我是一名文字工作者，需要长时间在电脑前工作，久而久之，我的颈椎、腰椎都有些毛病，所以每周我都会去瑜伽馆做两次瑜伽。自从开始定期运动后，我发现自己可以自由支配的时间越来越少了。像我们这种80后的妈妈，上有老，下有小，每天除了工作还要"鸡娃"，做家务，日子过得像打仗一样，再加上做瑜伽，几乎没有了和朋友、闺蜜聚会、聊天的时间。后来我就向闺蜜们展示了我练瑜伽的成果，劝说她们一起去练。她们看我练得初见成效，也纷纷报了名，于是一起练瑜伽就成了我们80后妈妈们特殊的聚会方式。

　　纯粹的社交对我们这些在职场中打拼的妈妈来说实在是有点奢侈了，运动社交既锻炼了身体又交流了感情，还能一起分享"鸡娃"经验，一举三得，非常高效。

2. 打球让我结识了新朋友

晓春（家庭主妇）在采访中这样说道：

　　我先生是生意人，这二十多年来我一直在家带孩子，所以社交圈子比较窄，平时接触的除了家里的亲戚就是孩子的同学家长。后来孩子长大了，工作了，不再需要我了，这一度让我感到非常失落，彻底品尝了一把全职妈妈的痛心和无奈。痛定思痛，自己总得找点事情来做，一没事业、二没朋友的我，干脆就去健身房健身消磨时间。

不承想，在健身过程中我结识了很多和我境遇相同的朋友，我们一起分享健身的效果、训练的体会，也一起分享主妇们的家庭生活，烹饪呀，孩子的教育呀。这件事突然让我开阔了很多，感觉自己的内心对外打开了一扇窗，生活原来可以如此丰富、精彩，现在健身成了我每天必不可少的一项活动了。

3. 运动带你走进一个社交圈层

王丽萍（奥运竞走冠军）在采访中这样说道：

你问我们俱乐部是线上多还是线下多，应该还是线下的比较多，因为体育最后沉淀的还是线下的体验感。就因为它是一个项目，它是一个团队，它是一个大家庭，大家才更有黏性，更有在一起的意义。

运动本身除了健康的诉求之外还有感情的诉求，大家聚在一起交流、沟通，这种情感的融合需要有共同的话题和谈资。有时大家会说："我哪天要是不跑步了，和周围的朋友都没的聊了，因为我身边都是跑步的人。"的确，运动也是一个社交圈层。

是的，你在运动的同时还可以建立一个具有共同爱好的社交圈层，大家彼此欣赏，互通有无，愉悦交往。有一句话说得好，和越高级的人相处，感觉越简单，那是因为双方都有掀桌子的实力和不掀桌子的修养。

4. 社恐人的运动社交

脱口秀演员鸟鸟身上有两个标签，一是北大研究生，另一个是"社恐"（社交恐惧症的简称）。去年她在节目中讲述了自己玩飞盘的趣事，这也从侧面说明，飞盘运动已成为2022年最受年轻人欢迎的新潮运动。

张海棠（南京体育学院猎户极限座飞盘社社长）说道：

> 飞盘具有新手友好、年龄友好、性别友好的属性，新手小白培训半个小时，基本就可以上场比赛了。我们很容易在飞盘赛场上看到年轻人、老人、小孩同时奔跑。很少有一项运动可以像飞盘这样，让你同时接触到三四十个完全陌生，但又都充满活力的人，整场大家都欢声笑语，热情飞扬，甚至就连社恐的人也能很自然地参与其中。有很多朋友玩飞盘之后发现自己真的"被需要"，他们说那种自信的感觉是前所未有的，我想这也是越来越多的人愿意玩飞盘的原因。

六、网络中的运动社交

三年疫情拨动了全民运动的神经，再一次提醒人们要锻炼身体、增强体质。互联网的高速发展让"居家运动"也可以实现社交范围从线下到线上的转移。

在微信运动里给步数排名靠前的朋友点赞，在朋友圈里分享自己的跑步轨迹，在短视频中分享自己新学的舞蹈，在微博和小红书里分享自己的减脂健康餐，在健身群组里打卡今日的运动量……这些都成了大家越来越习惯的网络运动社交模式。健康的生活态度可以激励自己同时也可以鼓舞他人，互联网让人们更容易找到跟自己同频共振的运动搭子。

目前排名靠前的运动App，比如Keep、薄荷健康、小米运动、每日瑜伽、乐刻运动等，除了本身丰富的运动课程以及全方位地记录运动数据之外，保持用户持续活跃的法宝，是充分满足用户的社交需求。比如健身后的心得分享、减肥后的心路历程、塑形过后的成就感等，都可以通过兴趣圈子进行分享，同时链接到小红书、微博、朋友圈等多个社交平台，晒出自己的自律生活和高光时刻。

运动社交有别于传统的社交方式，传统的社交常常会让人陷入一种"尬聊"的局面，需要有"社牛"来找话题化解尴尬的场面，而运动社交会把人带入一个运动场景中，你会在不知不觉中开始你的社交，不尴尬，不做作。你既可以专注于自己的动作，也可以和别人分享你的体会，聊得开心还可以开启新的聚会。

运动社交的悄然兴起是一个社会文明、进步的象征，让你的孩子喜欢运动，教你的孩子学会社交，在运动中社交，在社交中运动，这是一件一举两得的好事情。

跑步让孩子不再抑郁
——运动和心理的关系

小叶是初二的女生，小学时性格开朗，成绩优异。小学毕业，实在是运气好，被派位到了一所市重点中学。初一还好，很努力能混个中游，到了初二，数理难度增大，小叶的成绩怎么都赶不上去了。前不久因为小组活动的事情和一位男生发生了不愉快，青春期的孩子睚眦必报，那男生便发狠说把小叶的黑料都曝光，其实那黑料也就是长痘痘的照片。小叶整日提心吊胆，倒不是因为那些照片，主要是她不想成为同学议论的焦点。

照片一天不发，小叶就如坐针毡一天，上课注意力也无法集中，眼睛总是盯着前面那个男生，几次被老师当众叫起来。这样半个月下来，小叶受不了了，她要崩溃了。一天，她拿着水果刀在胳膊上划了好几道，流血了，一点儿也不觉得疼，心里反而轻松了许多。后来家人发现了，带她去看了心理医生，医生诊断小叶得了中重度抑郁症。

医生说，这个情况除了按时吃药，加心理辅导外，每天最好增加一定的运动量。于是小叶每天晚上都会在妈妈的陪伴下，戴着耳机听着音乐跑步。一开始五百米，后来一千米，再后来两公里，跑着跑着，跑上了瘾，因为每次跑完步后，小叶感觉会好很多，心里很透亮，人会兴奋起来，这样坚持了半年的时间，晚上睡眠好了，抑郁症得到了缓解，小叶又重新回到了学校。

运动可以让人释放压力、缓解焦虑已经是个不争的事实了。

根据最新统计，目前中国的抑郁症患者有9500万，十八岁以下的占30%。家长要对此引起足够的重视，发现问题，及时就医，并采取正确的方式来缓解，而其中跑步便是最有效的辅助方式。

一、运动让人释放压力，缓解焦虑

我们每个正常人会经历四种心理过程：一是正常状态，二是问题状态，三是带症（焦虑症、抑郁症、强迫症）状态，四是重度精神疾患（精神分裂）。中医讲究治病治未病，心理治疗也同样，不要等有病了再治。心理问题在第二阶段干预是最有效的，就是问题状态，在现实生活或工作中我们都会遇到这样那样的各种压力。上学时考试的压力，工作时绩效的压力，恋爱时情感的纠结，结婚后家庭的矛盾，等等。压力无处不在，无时不有，你要学会释放、解压。一个真正的成功者不是智商有多高，背景有多强，而是遇到问题时的应对机制有多强：能不能去寻求各种方式来"自救"，释放压力，解决问题。当所有的小问题、小情绪都得到及时的解决后，心情便不再郁结，出现心理疾患的概率也就小了很多。

李博士（清华大学土木工程学博士）在采访中这样说道：

> 在清华大学读博期间，我们做博士论文和课题的压力真的特别大，有的时候，要熬到凌晨一两点钟，并且是连轴转。为了缓解这种压力，不让自己累垮，我每周六下午都会来学校和学弟们踢一场足球赛。在赛场上奔跑、过人、射门，一连串动作让我忘记了一切。踢完球后顿时感觉酣畅淋漓，整个人一下轻快了很多，所有的压力都释放出去了。然后拍拍灰，擦擦汗，我又可以再次走进实验室轻装前进了，踢球对于我来说就是最好的解压方式。

人在运动的时候，大脑可以分泌多巴胺和内啡肽。多巴胺是一种神经传导物质，它会传递兴奋和开心，而运动时，大脑处于兴奋的状态，能够刺激交感神经，有助于肾上腺素和多巴胺的分泌。而内啡肽是一种激素，它有强烈的镇痛作用，同时让人获得一种先苦后甜的感觉，因为运动初期经常会有种呼吸急促的痛苦感，但在运动三十分钟后，又会有一种苦尽甘来的舒爽感和欣快感，这就是内啡肽的作用。

运动不仅对抑郁症患者有很大的积极作用，对解除正常人的紧张、焦虑也有很大帮助。拿跑步举例，经常参加跑步锻炼可以调节体内的兴奋性，降低情绪低落的感觉，减少痛苦感，使人在运动后保持良好的精神状态，感到身心轻松并精力充沛。国外有学者说："有氧运动是天然的镇静剂。"因此相对来讲，经常运动的人心理素质会好于平时不常运动的人，尤其是那些职业运动员会更强。

二、如何提高孩子的心理素质

1. 什么是好的心理素质

孩子在成长过程中会遇到各种各样的困难，在困难面前孩子会采取什么样的心态去面对，每个孩子是不同的。有的孩子遇到困难会畏缩不前，选择逃避，有的孩子遇到困难会跃跃欲试，直面挑战。

所谓困难就是孩子之前没有遇见过、处理过，有一定难度的事情。心理素质差的孩子更愿意在自己的舒适区里活动，不愿意面对新的、有挑战性的工作，而心理素质好的孩子则愿意去尝试一下。

是否愿意面对挑战取决于一个孩子心理资本的高低。小时候安全感建立得好，自信心强，心理资本就高；小时候安全感建立得不好，比较自卑，心理资本就低。

心理素质由三部分组成：先天基因、家庭环境和后天培养。有的孩子天生积极乐观，很大一部分是父母的遗传基因，父母就是乐天派，而那些父母一方曾经得过抑郁症的孩子，他们患有心理障碍的概率就会较普通孩子更高一些。另外就是后天的家庭环境，家庭关系和睦、父母恩爱、对孩子和颜悦色的家庭，孩子的安全感就会建立得好，心理资本就高，反之孩子心理资本就低。最后就是后天培养，家长有意识地给孩子做心理建设，给他各种锻炼的机会，被锻炼和不被锻炼的孩子也会有差别。

2. 运动员的心理素质是怎样练就的

很多人都有过这样的体验，上台演讲时会因为紧张而头脑一片空白，一句话也说不出来；登台献歌时也会因为紧张而口舌发干，声音发飘。紧张是一种状态，有时靠意志克服不了，你越不想紧张，就越紧张，那怎么克服呢？有什么具体的办法可以缓解？为此我们采访了很多运动员，因为他们会比我们普通人经历更多这样的大型场合，他们是怎么做到临危不惧的？

陈露（中国第一位花样滑冰世界冠军）在采访中这样说道：

> 花样滑冰选手除了需要技术过硬外还要有超强的心理素质。如果您问这种心理素质是怎么形成的，就一个字，练！你经历的比赛越多，心理水平就会越稳定。比如说，从来没有参加过国际大赛的运动员，一上冰场，人家灯光一亮，你都会吓一跳，但经历多了，什么样的灯光你都能很快适应。另外，当比分上下浮动时，运动员的情绪也会随之出现波动，兴奋抑或紧张，每次波动都需要你自己去及时调节，调节的次数多了，心理承受能力也就自然提高了。

邢傲伟（奥运体操男团冠军）在采访中这样说道：

> 不瞒您说，运动员会比一般人更容易焦虑，因为你面对的是一

个接一个的比赛。对于运动员来说比赛是需要一定紧张度的，太放松就不可能进入状态，这种焦虑是好的，必要的。至于为什么我们在焦虑的状态下还能稳定发挥，那是因为我们的心智被磨炼了很多次，也就是说被"虐"了太多次。比如，今天队里说好放假，我们全都出去玩了，可还没走到半路，一个电话打来叫我们立刻返回队里集合，然后就是一整套体能训练等着你。你气愤也好，懊恼也罢，又能怎样？教练说这就是锻炼你的心智。慢慢就磨得不管发生什么意外，都能做到处变不惊。说实话在比赛中能发挥好，不因为紧张而失手，其实就是基于成千上万次的训练，你要把那份因紧张可能带来的失误也练出来，所有的动作都烂熟于心，最后变成了一种本能的展现就可以了。

李弘（国际象棋大师）在采访中说道：

国际象棋棋手需要有很强大的心理素质，这点非常重要。有时一天的心境就像坐过山车一样，上午还是处在下风时的紧张感，下午就变成占据优势时的兴奋感，晚上就是赢得比赛的成就感。所以稳定情绪太重要了，它需要坚强的意志和定力，有时稍有不慎，明明局面很好，是赢面的棋最后都能下输了，那种懊丧太难受了。下棋过程中会有很多情绪，也会因为棋局的不断变化而产生各种焦虑，真正能做到胜不骄、败不馁太难了。

所以苏联心理学家维·阿纳吉耶夫说过：国际象棋不仅是智慧的比赛，更是双方心理的较量。最后一盘棋往往不是技战术的较量，而完全是心理战,能不能咬住对方,能不能坚持到底这真的是一场没有硝烟的战争。这么多年下棋的磨炼,我觉得最大的收获就是让自己更有定力,心智更稳了。

3. 如何在生活中锻炼孩子的心理素质

我们生活中常常会有这样的场面:两个小男孩要去完成一个任务,但这个任务,他们之前谁也没有做过。一个小男孩犹豫了一下,经过再三思考决定放弃,因为对未知的恐惧和不确定性让他对此望而却步。另一个男孩也考虑了一下,决定试试。他想虽然这事没做过,但凭自己的能力和经验或许可以完成,即使没完成也没什么,可以为以后积攒经验。这就是两个孩子不同的心理资本。

所谓心理资本就是心理素养,它包括自尊、抗压能力和应激反应等等。生活中,有的孩子心理资本高,遇到困难,他会越战越勇;有的孩子心理资本弱,遇到困难,他会越战越挫。先天基因的部分,家长要接纳,孩子生下来从来就不是白纸一张,基因加孕期胎教已占百分之六十,关键是后天的部分我们该如何去培养。

体育运动是锻炼心理素质最直接、有效的方式。

普通孩子要多经历比赛

参加一项体育运动,就意味着会有比赛,竞技体育非常考验人的心理素质,孩子长期在这种"备战"的状态下,心理素质会变得越来越强,第一不会那么紧张了,第二可以坦然面对失败了。

傅迈伦(香港岭南大学硕士研究生)在采访中这样说道:

记得我第一次打比赛的时候才八岁，还没上场呢，手心就紧张得出了好多汗，还老想上厕所，结果上去没多久就被对方打下来了。当下我就哭鼻子了，特别难过，小孩子嘛，觉得自己特别没面子，也特别没用，教练和爸妈一直在旁边安慰我。后来打的比赛多了，输的次数多了，慢慢也就接受了自己的平凡和普通了。

教练经常跟我说，打比赛一定要有好的心态，输赢都很正常，因为你会遇到不同的对手，有的比你厉害，有的不如你，不用太在意每一次的输赢，再说你自己本身也在变化，练一年和练三年的水平是完全不一样的，所以好好训练，认真对待每一场比赛就好了。后来我的确也遇到过专业的选手，把我虐得体无完肤，但是那会儿人就淡定了很多，可能这就是成长吧，我觉得打球不仅提高了我的球技，更多的是锻炼了我的心智，让我不怕挑战，不畏惧失败。

对心理素质差的孩子要降低难度

一件事如果孩子愿意做，并且愿意坚持做，那一定是因为他可以看到希望。

一个体育不好、心理素质还不强的孩子，在现实生活中我们该如何引导他呢？

王丽萍（奥运竞走冠军）在采访中这样说道：

面对心理素质差的孩子，体育本来就不是强项，几次训练下来总被教练说，孩子就会心生恐惧，越发自卑，不再愿意练习，甚至萌生放弃的念头。这时最考验的就是家长了，你可以让孩子暂时先离开，不要硬来，这种孩子如果碰到特别强硬的教练和家长，就完了。

家长一定要在细节上下功夫。首先要和教练提前交流，让教练事先知道孩子的这个性格特征，不过于使用激将法；然后观察孩子，逐步测试孩子能承受的心理和身体极限，根据孩子的情况和运动能力给孩子制定适合他的训练方式，必要的时候可以适当地降低强度和难度。还可以让孩子分组练习，体能水平差不多的在一起，这样孩子不会有太大的压力，最后就是给予这样的孩子及时的鼓励和具体的肯定。

家长可能会有疑虑，这样的孩子是不是上一对一更好？放在团队中会有比较，他心里会不舒服。不是的，这样的孩子更需要放在团队中。但去之前，家长要给孩子做心理建设，虽然这个项目我们暂时没有别人练得那么好，但是我们在别的方面会比他们好，比如美术、舞蹈，我们去练习只是把我们不太好的地方补上来，我就和自己比，不和别人比，因为和我比较的人会不停地轮换的，不必太在意，只要这次比上次好就行。这样孩子心里就有一个清晰的定位了，然后家长可以把孩子的每次进步都做详细的记录，孩子是会看到自己成绩的。不要害怕不好，不能说不好就远离，越远离越逃避，越逃避心理承受能力就会越差。

每一次小小的实实在在的进步，都会让孩子看到希望，家长要把这种希望呈现给孩子。进步了，就会有信心，每一点自信都是孩子心理资本的积累。体能和心理资本都可以在训练中精进。

司东凯（某少儿体能训练中心创始人兼教练）在采访中说道：

> 送到我们这里来的孩子一般分两类，一类是体能特别好的，他们选择走专项来训练，另一类也是大多数是体育不行的，他们为了体育中考提分来训练。应试的这部分也分两种。一种是文化课好的，体能不行，协调性不好，这种孩子一般还比较自信，因为他有一项好，是学霸，他很清楚自己是来补短的，也比较听话，让做什么就做什么。还有一种是学习也不行，运动也不行，还特别玻璃心，一说就哭，就想放弃。我们对这种孩子就是"三心"，小心、耐心、用心。首先让他愿意留下来，能练点啥就练点啥，然后让他看到自己一点点的进步。体育这个东西的神奇之处就是只要你坚持练，就一定会有进步和成绩，最后用体育的成绩和积极态度带动他整体的自信和人生态度的转变，这也是我们做教练最大的成就感。

三、运动是一种全方位的教育

体育本身就是教育的一部分，但之前体育被边缘化了，我们总是让孩子好好学习，考上好的大学，但是最可怕的是他考上了名牌大学后，心理出现了问题，最终他会走向哪里呢？最终又会成功在哪里呢？现在体育在中考中的占分比重增加了，很多家长因为要应试，开始被动地让孩子练体育了，这是一件好事，因为运动是会上瘾的，当他把运动当成一种习惯、一种生活方式，当他尝到运动给他带来的红利后，他一定会变被动为主动的，因为运动带给孩子的一定是全方位的体验和教育。

王丽萍在采访中这样说道：

现在的孩子为什么会有那么多的心理问题？你们想过吗？

在很多家长的认知中，体育就是一个简单的肢体运动，其实不然。它是一个全方位的运动，它与心理有很大的关系。现在的孩子为什么会那么容易焦虑，我个人认为就是养得太金贵了，抗挫能力特别差，一个个都是温室里的花朵。我从小是在农村长大的，上学要翻山越岭，吃过很多苦，我们那一代人就是这样在摸爬滚打中长起来的，所以特别能抗挫。可现在的孩子吃苦的场景没有了，抗压的场景没有了，受挫的机会很少。一旦遇到了问题、挑战，首先想到的就是退缩，没有一点战胜困难的决心和能力，因为他有的是退路。而现在的家长也是个个都对自己的孩子呵护有加，像母鸡护小鸡一样把孩子保护在自己的羽翼之下，不让孩子经一点事儿、受一点罪。

在这样的大环境下，恰恰是体育赋予了孩子这种能力。因为在运动中他会遇到很多困难，这时候，家长、教练的鼓励，队友的搀扶和击掌，对于他来说是一种肯定，会激发孩子战胜困难的勇气。

体育是塑造孩子人格和品格的一个过程，在这个过程中，他会不断地跌倒，站起，再跌倒，再站起，时间一长，孩子面对困难的时候，这种能力就会自然长出来。现在的孩子在生活、学习中最缺乏的就是这个东西。

　　试想如果孩子能够参加一项运动，每天在大自然中挥洒汗水，在团队里相互帮助，他会发现自己的不足也能欣赏别人的长处，这样他的心理肯定就会健康、阳光、积极。这就是体育可以赋予孩子身体和心理的一种能量，继而能给孩子的整个人生赋能，其实家长对体育的认知和理解都会直接影响到孩子对体育的热爱。

王丽萍是在采访中让我们特别动容的一个人，她夺冠的亲身经历以及在体育教学上的感悟都让我们深受触动。

在物质条件优渥的今天，体育赋予了孩子战胜困难、挑战自我、突破极限的能力。身体扛不住的时候，意志会带你杀出重围，而这种能力不是语言教化出来的，它是在日积月累的训练中自然而然地生长出来的，这种能力一旦形成，在孩子未来的学习、工作、生活中都能发挥重要的作用，而且只要培养得法，完全可以后天获得。

在竞争越发激烈的当今社会，我们做家长的也越发需要把孩子的身心健康放在首要的位置上，只有身心健康了才有谈及学习和其他的条件。而很多家长把顺序搞反了，先逼孩子学习，逼出问题了，才开始着急、止损、放弃。要知道一个失落的灵魂能很快"杀死"孩子，远比细菌快得多，所以家长不要满眼都是细菌，而要想方设法去培养一个有趣的灵魂。有趣的灵魂常常需要相伴于灵动的身体。一个好的身体，它其实是什么？它是一种自由度，让你想加班就能加班，想学习就能学习，想出行就能出行，想睡觉就能睡觉，让你拥有更多选择的权利和随心所欲的底气。

培养一个阳光、健康、充满活力和生命力的孩子才是我们最终的任务和职责，而为了完成这项使命，我们需要运动来助力。孩子在巅峰的时候，运动可以让他更开心、愉悦；孩子在低谷的时候，运动可以让他走出谷底，重见光明。

极限也礼仪
——孩子的礼仪、修养从运动开始

张宇驰,美国约翰斯·霍普金斯大学计算机工程专业的硕士研究生,现就职于一家外企公司。

脱下滑雪服的他,是一个话不多很安静的小伙子。白净的脸上架着一副金丝眼镜,言谈举止中透露出来的儒雅和谦逊很难让你相信他就是那个只身在美国洛杉矶太浩湖雪场上遇险自救的滑雪达人。

娓娓道来的讲述让我觉得他是一个非常礼貌的年轻人。他笑着说,他很多好的礼仪习惯都得益于滑雪,虽说滑雪是一个极限运动,但它处处体现着礼仪。

"首先,滑雪的人开车时会更遵守交通规则,我开车几乎从不按喇叭。因为滑雪有雪道，和开车有车道一样，你该在哪道上滑就得在哪道上滑，不可以随便并线。有时，我们开车看到前面的人开得特别'面'就会着急，素质低的人就会鸣笛甚至爆粗口。但滑雪的人就会比较克制，因为滑雪有这样的规则，前面主道上的人即使滑得再慢，你也不能超他，你要停，让人家先走，不能因为你想快就影响别人的正常滑行，前面的人是有滑道的优先权的。所以在滑雪中养成了这样的好习惯后，开车就会比较守规矩了。"

小伙子喜欢滑雪，更享受滑雪，他形容滑雪的过程仿佛就是人与自然的对话，那种空灵、那种纯净在平日喧嚣的钢筋水泥搭建的城市里是感受不到的。如果说马术运动是人与动物的关系，那滑雪运动就是人与自然的亲密接触了。他颇为自豪地说："我们滑雪人在雪地里穿行，享受了自然带给我们的纯净和洁白，因此我们也会比一般的人更在意一个好的自然环境，更懂得对自然生态环境的保护。比如滑雪的时候我们都会带一瓶矿泉水，但是手里拿着水肯定不方便，我们就会把喝过的水瓶插在雪地里，滑上去的时候喝一口，滑回来的时候再喝一口，但最后几乎所有人走的时候都会把水瓶带走，留下一个干净的雪场。"

他还提到自己爱助人的习惯也是在运动中养成的。因为在运动中，助人的环境会相对比较单纯。"如果我们平时在开车的时候，有人在我们的车旁摔倒，我们未必会立即下车上前搀扶，因为我们会担心他会不会是来碰瓷的，会不会讹你。但在滑雪场，就大可不必有这样的担心了，如果你看到有人摔倒了半天爬不起来，你肯定会上前询问，需不需要帮忙，或伸手拉他一把，因为运动的环境会让人变得更纯粹。长此以往，养成了习惯，帮助别人的时候就不会想太多，助人也就变成了一种本能。"

这个略显腼腆的90后，在交谈中会流露出一种莫名的亲和，但这种亲和不是刻意的讨好，而是真情的流露。好的素养随着运动的深入和持续会慢慢浸入人的骨子里、习惯中，然后在举手投足间不经意地散发出来。

按说礼仪和运动是一对矛盾体，是一个事物的两个极端。运动需要突破，需要挑战极限，而礼仪注重规矩，要让人在行为规范中活动。

但是，运动正是因为有了礼仪、规则的渗透，才使那些极具冲击力、进攻性的行为更加克制，更加人性化；而礼仪也因为有了运动的补充，才更具象和丰满。它们之间一定是相互依存的关系。

孩子们在接触某项运动时，运动本身的规则和要求会让孩子更加有礼貌、懂规矩，而经过长期运动训练的孩子即使没有变成运动员，在运动环境中养成的尊重规则、尊重裁判、尊重运动员、尊重观众的习惯以及规范意识、环保意识、礼让意识，都会深深地植根于他的生命中，伴随其一生。

一、修炼美好的外在形象

很多家长都为自己孩子的形体头疼，站立时驼背，走路时摇头晃脑，坐下时"葛优瘫"——怎么样才能让孩子显得有精神呢？

运动。因为美好的外在形象是运动礼仪的第一要素。

陈露（中国第一位花样滑冰世界冠军）在采访中这样说道：

  您发现没有，花样滑冰的选手都很美，这种美包括服饰美、体态美、礼仪美，因为花样滑冰是一种高规格的比赛，它考验一个运动员全方位的素质。运动员从一上场还没开始比赛，裁判就已经开始给你打分了。你的发型是否漂亮，你的服装是否亮眼，甚至你的冰鞋是否干净，这些裁判员都看在眼里，记在分里。外在的形象是花样滑冰礼仪中最直观的表现，所以上场前我们都非常在意我们的仪容仪表。比赛结束，我们行的是英式的屈膝礼。长期对外形的严格要求，导致我们现在在生活中也会很在意形体。

李思学（北京三十五中学高中生）在采访中这样说道：

  我妈妈最初让我学习马术，就是想改掉我驼背的习惯，因为我长个儿后总习惯驼背。有一次，妈妈带我去一家马术俱乐部看了一场马术比赛，当我看到那些骑士骑马出来时一下就惊呆了，他们不光服饰、装备齐全，而且个个都身姿挺拔、后背笔直地骑在自己的坐骑上。那是我第一次感受到了挺拔的美和驼背的丑。我们这个年龄的孩子，有时就喜欢摇头晃脑、勾肩搭背地走路，觉得那样特别酷，但那次骑士出场的样子给了我很大的冲击，妈妈又给我看了她偷拍我走路样子的照片，于是我决定要学习马术。两年的马术学习，让我在体格高大的同时有了挺拔的身材和优美的走姿、坐姿。

优雅的体态不仅展现了一个民族的精神风貌，更能反映青少年的精神状态。驼背姿势可能会给孩子带来短暂的放松感，但长期驼背除了对身体健康有诸多不良影响外，还容易导致自尊心下降、情绪低落等心理健康问题。挺拔的体态会让人更积极向上、充满自信。

二、知晓遵守规则的重要

运动礼仪中，规则当先。不同的体育项目都有各自的规则，比如篮球有阻挡规则，足球有越位规则，网球有第二次发球规则，最有意思的是冰球，因为它有一个打架规则。

金惊朗（北京某高中体育特长生）在采访中这样说道：

> 我是打冰球的，在冰球比赛中教练会"允许"球员打架，但是这个打架特别有仪式感。打架的球员必须把手套、头盔、球杆全部扔掉，然后1对1地单挑，其他球员在一旁围观，不得插手，一方球员被对方打倒在地，或者打流血了，教练就会上来喊停，以示打架结束。为什么冰球运动会有"打架"这一规则呢？那是因为冰球运动冲撞特别多，它又是一个团体比赛，特别容易发生群殴事件，所以冰球联盟后来就规定允许打架，但只能1对1单挑，打架结束

后，双方打架的队员都会被罚下场禁赛五分钟。当"打架"一事变得非常有仪式感和观赏性的时候，它的攻击性和伤害性就会小很多。这就是冰球运动很特殊的打架规则。

除此之外，足球项目中还有个"不握手就禁赛"的规则。

李博士（清华大学土木工程学博士）在采访中说道：

很多人以为足球是相对野蛮的一项运动，因为比赛的激烈，有时会有肢体冲突，因此它的规则、礼仪就更为严格。就拿握手来说吧，赛前、赛后握手仪式是国际足联出台的强制性规定。赛前抽签完成后，由主队球员站成一排，依次与裁判员团队和客队球员握手。此仪式表示双方对裁判员和对手的尊敬，也提醒各位球员保持平和冷静的心态，把精力放到比赛竞技中。赛后双方球员要再次在中圈集合，与对手和裁判员握手，感谢双方共同努力为观众奉献了一场精彩的比赛。

我记得在一场英超联赛赛前，有一位白人球员有明显的种族主义倾向，赛前拒绝和对方黑人球员握手。他的行为遭到了国际社会的强烈谴责，不仅受到了严厉的禁赛处罚，他的足球生涯也就此结束。同样，在中超联赛中，一名球员认为自己在比赛中遭到了不公平判罚导致球队失败，赛后拒绝和裁判员握手，他的行为同样受到了禁赛和罚款的处罚。

所以礼仪在运动中无处不在，它会用规则甚至是惩罚的方式让运动员从被动到主动地接受规则和礼仪的教育，我真心认为运动教会我太多，而这些素质都会延展到工作和生活中去。

的确，礼仪在运动中更多的是一种规则的体现，尊重规则就是尊重对手和裁判。因为比赛过程中的瞬息万变以及个人的情绪波动，都会使规则轻易破防，这时候适度的惩罚是运动礼仪最好的体现。

三、体会体育中的利他精神

利己是竞技体育的内部动力，也是经济社会中人的本性。运动员经过不懈的努力，超越自我，在体育比赛中斩获奖牌，都是天然的内部驱动。而利他，是竞技体育的外部张力。亚当·斯密认为，无论多么自私的人，都蕴藏着关心他人幸福的天性。良好的体育生态环境，可以激励更多的青少年参与体育活动并从中受到启发得到成长。

2020东京奥运会男子跳高总决赛上，意大利选手坦贝里与卡塔尔选手巴希姆两人陷入激战，一直分不出高下。评审官按规则让他们再跳三次，但两人又成绩持平。裁判只好请他们以"最后一跳"来决胜负。然而此时意大利选手坦贝里腿部严重受伤，不得不弃权，卡塔尔选手巴希姆就能轻松夺金了。没想到巴希姆问评审："如果我也退出这最后一跳，我们两人是否可以同获金牌？"评审官商量之后回复他："是的，你们两人都可获得金牌。"听到这个决议，巴希姆随即宣布，自己也退出最后一跳。听到强劲对手做出这样的君子决定，本来只能退居第二的坦贝里，忍不住激动地与巴希姆击掌相拥！坦贝里兴奋忘我地跪地痛哭，巴希姆也禁不住掩面而泣。在四年一次的奥运赛场上做出这样的决定，让互不相让的对手，变成共享荣耀的朋友，这一刻，没有输家！这一幕，没有国界！我们看到的是充满温暖与尊重的地球一家人！这正是对奥林匹克精神的最佳诠释。

王丽萍（奥运竞走冠军）在采访中也说道：

好的礼仪习惯是会给人带来温暖和力量的。我们在国际比赛中都会遭遇失利，比方说被裁判罚下场，这时外国运动员都会跑过来拥抱你，说其实你是很棒的，那一刻这样的拥抱会让你感觉特别温暖并且一扫之前的沮丧，自信心再次回归，即便那个人就是你的对手。有人会说礼仪就是一种表象的客气，其实不是的，当你做了以后，你就会感觉到它神奇的力量和作用，它有很强的感染力。就像我参加的那届奥运会，我得了第一，第二名就会跑过来拥抱我，向我祝贺，那种祝贺是发自内心的，我也真的很开心。虽说竞技运动很残酷，但在运动中孩子们会自然习得很多好的礼仪，这对孩子来说也是很好的培养。

2022年的卡塔尔足球世界杯，我们欣赏着这些著名球星的精湛球技的同时，也会被他们平日里温暖的行为、礼貌的举止瞬间融化。

当美女工作人员为梅西佩戴耳机时，由于穿得比较暴露，梅西立马扭头看向别处以示尊重。当内马尔去看望白血病小朋友时，小朋友提出一个愿望，希望他进球后为他跳一支舞，这支舞是小朋友自己创作的，希望内马尔和他跳得一模一样，随后内马尔在比赛中进球后，邀请队友一起跳起这支舞，并分毫不差地模仿小朋友的动作。当比赛结束后，远道而来的球迷向哈兰德索要球衣时，哈兰德翻越三层栏杆亲手将球衣送到球迷手中。当比赛遇到下雨时，孙兴慜用手为小球童遮挡风雨。

场内的竞争是残酷的，场外的利他是暖心的，这就是体育的多样性、体育的魅力所在。

四、感受礼仪文化的魅力

体育运动的魅力不仅体现在竞技体育中的对抗上，还体现在体育精神的展现上，而这种精神涵盖了很多的历史、文化和礼仪的东西。

华天（中国奥运马术三项赛骑士）在采访中这样说道：

马术运动除了比赛外，它更能体现一种骑士精神。骑士是光明磊落的，骑士是非常爱护自己的马匹的，绝不会因为自己的比赛成绩去伤害马匹。就拿上次日本东京奥运会比赛来说吧，在将要跨越障碍时，我的伙伴"堂"突然拒跳了，可能是这里的高温让它感觉不适，我马上就勒住了缰绳，结束了比赛，如果此时我强硬地给出指令让它跳，它也能跳出去，我的成绩会好看，但对马是有伤害的，这样的事情我们不会做。我们在骑马的过程中，骑士的骑术是次要的，骑士和马的默契程度才是主要的，这是世上唯一一项需要人与动物共同来完成的运动项目，所以我们要对马好，我们要学会换位思考。这也是后来我们在教孩子骑马的过程中要传递给孩子们的，孩子们学会了照顾马、体谅马，以后在生活中他也会是一个善良而又有责任心的人，不是吗？

在竞技体育中，很多运动员或体育明星，最终能长久地成为人们心中的偶像，备受观众尊敬，不仅仅在于他们那些无与伦比的天赋、技术、努力，还有高尚、谦逊、温良的人格魅力以及由内而外散发出来的体育素养。

在 2020 年澳大利亚网球公开赛男单第二轮比赛中，西班牙选手纳达尔在一次接发球中不小心把球打到了场边一位女球童的脸上，女球童的脸瞬间红了。这时纳达尔暂停比赛，走到女球童身边轻声道歉，并亲吻了她的脸颊。这一举动赢得了全场观众的掌声。在比赛的第二日，纳达尔又找到了正在就餐的女球童，再次表达了歉意。粉丝对纳达尔的喜爱始于才华，久于善良，终于人品，纳达尔不愧为全球粉丝最多的球王。

五、教孩子在运动中学礼仪

礼仪貌似是教孩子怎么站、怎么坐、怎么说话、怎么行事，而实际是如何站在他人的立场考虑问题，并因为尊重他人而做到自己行为举止的得体。

孩子们在运动的过程中会因为运动项目本身学到很多礼仪规则，同时也会因为运动中发生的问题，产生的冲突、碰撞而学会各种为人处世的态度和方法。

1. 运动礼仪会悄悄转化到生活中

石良（十一岁北京市空手道运动员妈妈）在采访中这样说道：

> 我家孩子喜欢空手道，他不光喜欢空手道这项运动，还喜欢课上老师教他的各种礼仪，这让他不仅在运动上取得了好的成绩，还在不断的训练中成为一个非常有素养的孩子，我想这就是浸润的作用。
>
> 短期的礼仪学习，孩子可能会从道理上明白为什么要这么做，但是环境不在了，他就做不到了，长期的训练是把明白的道理转化成一种行为习惯，比如说行鞠躬礼，他现在看见老师、长辈都会行鞠躬礼，这就是在运动中习得的好习惯。

2. 运动会让孩子更懂得感同身受

李明哲（某篮球俱乐部北京精英赛成员）的妈妈在采访中这样说道：

明哲是从四岁半开始学习篮球的。四岁半也就是幼儿园中班的时候，男孩儿之间特别容易打打闹闹，磕磕绊绊。这时候在教练的引导下，他们会把多余的精力通过运动发泄在球场上。我们也会时常提醒孩子，你是一个练体育的人，你的力量就是会比别人大，就像你练习下蹲时教练过来压你你会觉得很疼，所以在追跑打闹的时候你轻轻的一撞都很容易让一些不练体育的小朋友受伤，因此在和同学的相处中一定要知道礼让。作为妈妈我很欣慰，孩子练了体育后不仅没有很鲁莽反而更加知道关照别人，体谅别人，别的小朋友摔了、磕了，即使不是他撞的，他都会去把他们扶起来。

很多家长担心运动会让孩子变得更鲁莽、更冲动，其实不然。只要家长教育得法，不断地给孩子灌输高素质的意识，并在孩子有不当行为时及时予以制止，告知道理，孩子是会在运动成长过程中素质越来越高的。

首先，给孩子树立榜样。为什么大家都喜欢梅西，不仅因为他球踢得好，更因为他的人品，所以家长要不断地给孩子灌输高素质的意识，不要让孩子因为**无知而无礼**。

其次，在关键时刻，我们要教孩子如何学会克制。**一个人的高下、文野之别，不仅体现在高光时刻他的优雅、礼貌，更在于他愤怒时候的行为和底线。**

最后，孩子表现好的时候及时认可，让孩子那些不经意间流露出的、短暂的好行为变成有意识的长久的好习惯，并不断地去影响周围的小伙伴。

礼仪是一个人更高层次的修养，在运动中培养起来的那些好的礼仪习惯，更会体现出一个运动员全方位的素质。

让我们的孩子在运动中学习礼仪，学习文化，这是运动馈赠给我们孩子的另一份礼物，请珍惜它。

练体育的孩子不愁找工作
——体育产业就业前景广阔

1995年那个还是以分数为王的中考时代，北京女孩小井因中考分数不理想没能考上本学区的重点高中，选择了一所中专学校的"涉外企业财务会计"专业学习。原打算凭着越老越吃香的记账专长做一辈子会计，却不承想阴差阳错地进了一家体育俱乐部做秘书。那个时候，她唯一的心愿就是盼着有朝一日能调回财务部做会计，学以致用。几年过去了，她不仅没有调回财务部，反而因擅长与人沟通而从秘书转为了客服，又从客服做到了销售。随着北京2001年申奥、2003年非典、2015年申冬奥等与健康、体育息息相关的大事件的陆续发生，她隐约感到她现在所干的事情在未来一定会有大的发展。

因为工作关系，小井在体育俱乐部接待了众多运动爱好者，他们中有国企高层、外企高管、私企老板，还有都市白领、医生、律师等各行各业的精英人士。虽然他们从事的专业领域各不相同，但是热爱运动却是他们共同的特质。

她用心接待每一位客人，仔细揣摩这个客户群体的内心世界和感受。客人签字时，她先把笔帽打开再递笔；归还客人遗失的保温杯前，她会先把剩茶叶倒掉，杯子洗净；与客人电话确认预订后，她会再发一条文字版的预订信息方便客人转发给朋友。诸多的小细节，她都做得细致完美。事无巨细的客服工作，让她感觉到体育这个圈子就像是一个浓缩的小社会，虽说也是百态众生，但相对而言，这个圈层的人干净、素质高。他们大多性格热情开朗，做事严谨自律，且具有很强的学习力和家庭责任感。小井深深地被这群人所吸引，她隐约感到运动不仅能带来健康、快乐，还能带来很多其他的，具体是什么，她一时还说不清。

之后的小井工作干得越发起劲，职位也得到了逐步提升。她经历了多个体育俱乐部的从无到有，经历了客户数量的从零到多、从一到万以及人脉资源的从少到多。经过十年的努力，她逐渐从一个行业小白、销售菜鸟变成了一名行业精英、销售冠军、客服总监。她骄傲于自己的天赋和努力，同时也觉得自己遇上了一个好时代。她感恩国家的发展壮大让百姓吃饱穿暖外还有机会从事自己喜爱的体育运动，她感恩政府的英明决策，让体育变得越来越重要，让他们这些做体育产业的人也变得越来越吃香，她也感谢自己的老板、企业和客户对自己的帮扶引导，更庆幸的是自己当年坚定地选择了体育这个行业。

如今，小井已从一名中考失利的中专毕业生成长为进修后的本科生。现为多家体育企业提供咨询服务，在多个体育行业协会任职并多次在体育行业总裁研修班中授课。她用自己的亲身经历告诉那些刚刚从普通高校出来的茫然的大学毕业生该如何做职业规划，告诉那些职业学校出来的没有自信的学生该如何奋发图强，用好自身的专业技能，发挥一技之长为社会做贡献。

条条道路通罗马，重要的是认清形势，看清自己，让自己的潜能在最合适的地方发挥出来并做到极致。

很多家长会担心孩子从事体育行业，一旦成绩出不来，不能当职业运动员，会不会耽误其今后的就业发展。这个顾虑大可不必。即使孩子只是爱好体育，不走专业道路，同样会有许多就业机会，现如今这个与生命和健康相伴的体育产业领域里，就业前景非常之广阔，可谓商机无限。

一、新形势下的体育产业

从事体育工作不是人们想象的，只能做运动员、教练和裁判。体育产业涉及的工作岗位非常多。比如：教练、运动员、裁判、球童、赛事策划、活动运营、康复师、规划师、理疗师、客服、领队、销售、广告、传媒、财务、设计、园林师、公共关系、媒体关系、秘书、前台、人力资源、管理咨询师、教育培训讲师、翻译、物业、智能设备维修等等。

体育产业带给社会的整体价值，已经不仅仅局限于体育运动的本身了。"发展体育运动、增强人民体质"是一句耳熟能详的口号，实际上发展体育运动的同时，也同步带动了经济发展、创造更多的就业机会和丰富百姓的业余生活。体育也带给个人、企业、产业更多获益的良机。

接下来，我们来看看体育与各行业的结合。

体育＋新闻＝体育传媒

体育传媒不再是男生、体育特长生的专利，女生在这一领域也能做得风生水起。

独立媒体人小南，是一位在北京闯荡的山东女孩，看起来柔弱、温婉的外表实在让你无法把她与体育搭上边。而实际上，她可是一位资深体育媒体人。曾经在新浪体育、体育画报、体育大生意等知名媒体的体育部做过主笔。还曾独立主持和运营过多场专业体育项目的新闻发布会、教材推广会、体育冠军的人物专访、新书签售会等。

如今的小南，已经是体育圈内的名记、省级公开赛的官方新闻官。虽然她本人并不是某一项体育运动的达人，但是她的工作和事业在体育产业这棵大树之下，开枝散叶，发展得如火如荼。小南在北京体育媒体圈十余年的摸爬滚打，让她对体育行业、体育产业、体育的益处了解得越发深刻。

传统的体育行业招聘也许是以运动员为主，传统的新闻行业招聘也许是以新闻系、中文系毕业生或者文字工作者为主。"体育＋新闻"的融合，是体育和新闻的交叉学科，它是一个基于传统但又全新的行业，$1+1>2$

更是衍生出了诸多的选择和就业机会，打破了传统的就业模式，让不可能成为可能。

体育 + 服务 = 运动酒店

某马术俱乐部是一家在北京经营了二十多年的专业体育俱乐部，在这家堪称北京头部的俱乐部里，不仅有专业的课程体系、国际认证资质，还有奥运会标准的场馆、商务客房、宴会厅、餐厅、健身房等多个区域，能满足不同商务人群的运动及休闲需求。

在这里，每天都可以看到络绎不绝的人们，按照预订的不同时段，分时、分段、分批地来健身、骑马、培训、观赛。商务人士入住酒店时，按照房号被分配到了不同的物理空间；来这里的商务人士，是按照各自的运动需求被安排到了不同的锻炼项目里。不同的是，入住酒店的共同诉求是住宿，进入到体育俱乐部的共同诉求是运动。运动酒店提供给客人更多元的服务，除去舒适外还有对健康、兴趣的呵护。

看得见客房的酒店带给您舒适的睡眠，看不见客房的"运动酒店"带给您健康的理念。"体育 + 服务"的融合，让您在这里收获对身体的五星级服务。

体育 + 科技 =AI 智慧型场馆

某社区俱乐部是一家开在北京市区北三环的体育俱乐部。创始人把基于"瞄准"系统的高科技软件功能与转身运动的打球和体育中考项目结合，融合打造了这家综合运动项目的社区体育俱乐部。俱乐部倡导：18点之后下班了，来社区俱乐部打球；18岁之后成人了，在运动中感受社交的魅力；18洞之后还意犹未尽，再相约社区俱乐部继续畅聊、夜宵。

当你在这个俱乐部打球时，你会发现还有一番"运动电竞"的感觉。随着你身体的转动，击出的球在科技功能捕捉感应后，出现在整面墙的大屏幕上，大屏幕则是科幻空间带来的视觉冲击，你所击出的球在大屏幕的宇宙中穿梭，最终落下，你也仿佛随着球的轨迹在宇宙中穿梭，犹如在3D电影院中身临其境的航行探险。当然，你也可以切换到城市场景、森林场景，自由选择。

在这里，看似科幻的运动电竞感觉，实际是后台一千四百名软件工程师的劳动成果，它囊括了瞄准系统、挥动系统、摄像系统、捕捉系统、游戏系统、人脸识别系统等各方面的高科技功能。可以说，这样的一家社区体育俱乐部，仅仅懂代码的软件工程师做不到，仅仅懂运动的教练做不到，仅仅懂游戏功能的产品经理做不到，仅仅懂服务的管理者也做不到，它是多学科、多知识、多功能、多工种一起配合的成果。

如今的体育产业从业者，仅仅靠跑得快、跳得高已远远不够了。"体育＋科技"的融合，二者互相支持又彼此成就。体育给科技行业带来了巨大的生产力转化和流量转化，科技给体育行业带来了向幂次方腾飞的工具。

体育 + 医疗 = 运动康复

运动受伤后,需要运动医学的治疗。运动医学行业的现状是,可选的医院、医生、专业导师很少,人才奇缺,需求量极大。

平日里我们集中运动后,需要运动按摩来放松。运动按摩及理疗行业的现状是,以口口相传的个人推荐为主;有资质的、专业的、标准化的机构不多,即便有,多以治疗疾病为主,不以运动后的放松保养为主。大概国家队、专业队的队员才能享受到肌肉放松和按摩恢复的服务。

运动治疗后,需要运动康复的复健。运动康复行业的现状是,医院针对病人,社区针对老人。实际上运动治疗之后的康复,若有专业指导或专业服务,有利于运动人士尽快恢复早日回到喜爱的运动中去。

运动成绩的提高,还需要运动心理的指导。运动心理及训练的行业现状是,要么是只做心理辅导的心理咨询师,要么是只做运动指导的教练或体能师。成绩达到极限后的再提高,往往是需要运动心理的专业指导,竞技水平达到顶尖之后,是对体能和心理的较量和考验。这方面的人才非常稀缺。

"体育 + 医疗"的融合,为广大体育爱好者提供了持续运动中身体和心理的保驾护航,打破了传统医疗仅解决病灶的被动局面。已经积累成为病灶的处理阶段,生活质量必然是呈下降趋势的。而实现治未病的主动局面,坚持健康、科学的运动及恢复才是重要的环节。这个版块需要交叉的专业人员,有待更多优秀人才的加入。

体育 + 旅游 = 体育旅行

糖糖是一位热爱旅行的南方女孩,她的人生梦想就是周游世界。

当她完成了周游世界的梦想之后，旅游对她来说似乎就没有什么吸引力了。后来，她开始组织骑行车队，开启了另一种人生。从此知名不知名的城市、蜿蜒崎岖的盘山路、半山腰的农家民宿、溪流边的农家院都留下了她和骑友们的身影。糖糖对我们说："知名景点的旅游吸引力能维持在三次左右，同一个景点去三次感觉应该够了。但是，加上体育运动后的旅行就不一样了，有一定的竞技在里面，那感受是完全不同的，因为你自己每次骑行的状态不一样、成绩不一样、队友不一样，所以你的体验自然也不一样，即便同一个地方，去了五次、十次也不会感觉到同质化的乏味。我想，这也许就是体育的魅力吧。"

不仅是骑行，还有许多运动，比如城市马拉松，它是用脚步丈量美丽的城市；马术耐力赛，它是人马合一穿行于树林、平原、河流；高尔夫巡回赛，则是在比赛过程中充分享受五星级酒店、特色餐饮、航空、物流等一系列其他服务的旅游。

"体育＋旅游"的融合，让人们自然地告别了景点拍照打卡游，那种下车拍照上车睡觉进屋泡面的三部曲将成为过去式。人们用跑步、骑马、打球、骑行等不同的方式，以体育参与者的身份，融入到旅行中，体会城市的风土人情和祖国的大好河山。这种新时期的旅行方式，大大优化了上个时代的大巴旅游。

体育 + 经纪 = 体育经济

IMG 学院（球员经纪）是一家全球知名的体育特长生培养机构，

位于美国的佛罗里达州，是世界最大、最先进的多种运动项目教育机构，涵盖了八种主流择校的运动项目。学员年龄从八岁开始，直至以上所有年龄段。从孩子的青少年时期，该公司就着眼于发现体育苗子和培养体育苗子。随着苗子的培养成熟和长大成人，运动成绩和商业价值也逐渐饱满。这些走向世界舞台的体育明星，多数也顺理成章地成为 IMG 的签约运动员。特别是在世界舞台上，商业价值居高的高尔夫、网球、棒球、橄榄球等行业，巨星签约 IMG 公司的例子屡见不鲜。如果一名成熟的、年满十八岁的体育明星，IMG 学院对他的前置培养提早到了八岁，那我们分析一下：一个体育明星从八岁开始的发现挖掘、引导培养、训练比赛、心理体能、营养生活、日程赛程及经纪商务代言，这一路走来的过程，需要多少位专业人士的助力？在体育经纪公司中，有多少个专业岗位需要优秀人才的加入？真可谓机会多多、岗位多多。更何况在辽阔的中国有十几亿人口，有众多的体育项目、广大的体育爱好者和体育青苗，可培养、可挖掘、可规划的"未来之星"将有多少？

如果说中国市场体育产业的机会上不封顶，也并不为过。作为世界第二大经济体的中国，体育产业的机会是一片汪洋大海。海阔凭鱼跃，天高任鸟飞，优秀的人才将能在这里找到如鱼得水的施展空间。

"体育+经纪"的融合创造了无限的商机、无数的就业机会以及无穷的希望，这点无论是在世界舞台上，还是在近几年的中国市场中，都被印证多次。体育产业，不仅需要懂体育的人才，还需要懂经济的人才、懂市场的人才、懂商务的人才。正因为体育产业的多元性和广阔性，使它成为可以承载更多机会、包容各方人才的产业。发展空间足够大，所以更需海纳百川和广纳贤才。

体育 + 培训 = 学无止境

北京体育大学有一个高尔夫专项班，它让进入体育大学之后的大学生可以有第二次选择专业的机会。选择之后，上课的内容将按照未来工作方向有所倾斜，甚至有时候上课的场地会阶段性地安排在实地高尔夫俱乐部。学生们可以在诸多的岗位上如管理岗、服务岗、培训岗、媒体岗或运营岗，边学习边实践。类似这种形式的教学模式无疑给了年轻人更多的选择，有利于学生们提前为自己做毕业后的职业规划。

教练员、裁判员培训

例如：北京马术协会教练员培训。对行业从业者的益处在于：虽然诸多经验都来自实践工作，但是为了补充理论依据，可以在工作之后再参加行业协会的培训。应届大学生是先理论后实践，社会上行业从业者则是先实践后理论。只有理论和实践能够融会贯通和举一反三的人才，才是行业需要的全面人才。

综合大学对于体育专业学生的职业实践培训

例如：中央财经大学体育管理学院开展的职业实践培训。对大学生的益处在于：在财经大学的大学生普遍认为日后的工作选择必须与金融、银行、证券、信托、保险企业相关，在众多的财经专业大学生扎堆的地方，懂财经的本科生可能应聘的都是银行柜台营业员这些职位，本科的学历可能都会让你无法通过初试的简历筛选。但是，财经专业的本科生在体育产业的应聘者中就不一样了，毋庸置疑地属于高学历并且很稀缺。之所以大家不会"错峰出行"地规划自己未来的就业，主要是因为常年在学校环境中，对体育产业、体育企业、体育行业不了解和信息缺失，所以找不到和找不准自己的定位。随着学校不断邀请不同体育企业的负责人入校进行座谈、演讲、交流、互动，很多大二、大三的学生提前做好准备，规划好就业发展。大学生的价值被充分挖掘出来，是对国家多年人才培养的价值回报。

国奥金冠足球青少培训营

例如：足球，要从娃娃抓起。从小抓足球娃娃的益处在于：让中国的孩子，从小养成运动的习惯，成长在体育场的草坪上，沐浴在户外的阳光下。在北五环奥森公园的国奥金冠足球场，经常可以在周末的上午看到三岁、四岁、五岁的小娃娃，满场奔跑追逐着足球；下午是各个企业、校友自发组成的中年球队或工会比赛，享受绿茵场上多巴胺分泌的快乐；晚上是年轻人之间的民间赛事较量。如果你在绿茵场停留一整天，会感到不同年龄段、不同行业、不同身份的人在不同时间，共同享受着足球带给他们的快乐。

"体育+培训"的融合孵化出青训行业、职教行业、业余比赛等，它不仅仅是体育竞技，也不仅仅是教育培训，它是一个体教融合体。

体育产业所涉及的人员年龄段跨度很大，从小到老，波及的行业林林总总，让我们接触到不同领域的不同人士。从事体育产业，不仅工作充满乐趣和挑战，还能很直接地增加对体育运动的认识，促进身心健康。

不一定是体育特长生,只要你愿意关注和考虑在体育产业中寻找机会,体育,将为你打开一个新世界,带你走进一片广阔的海洋。

二、参与体育产业的诸多好处

1. 就业机会众多

体育相关产业的招聘信息非常多。各个赛事公司、各项运动的实体俱乐部都需要线下的运营工作人员。每家企业根据小、中、大规模,招聘需求量会在10—100人。

2. 培训机会遍地开花

培训是体育产业的重要组成部分。每一项运动的技术、技能、损伤和康复、规模分级和活动举办这些事宜基本都有相应的世界组织。因此,这部分的培训体系是从本地到外地,从城市到国家,从国家到世界。学无止境,只要你愿意,可以一直学下去。

以足球为例,行业内外各类培训琳琅满目。除了球员培训,还有裁判培训、教练员培训、康复师培训、队医培训、媒体培训、运营培训、赛事培训、后备人才培训、体能师培训、经纪人培训、评论员培训等。可以说,在体育产业的工作经历,无时无刻不伴随着进修、学习和再提高的过程。不断学习、持续地进步,是体育产业赋予年轻人的职业营养,在体育的世界里,你会充分感受到身边人的进取和力量,自身也会受其滋养和影响而不断进步。

3. 转型、跳槽机会多

无论是一家培训中心、赛事活动公司还是体育俱乐部都会经历开创、发展、成熟、维持、拓展、常青等不同的阶段。企业的发展意味着需要更高水平、更有能力的人才，当企业自身的员工数量、质量不能满足本企业发展速度的时候，就要扩容。体育领域企业的不断扩充和飞速发展，自然而然地为求职者创造了很多跳槽和升迁的机会。

大学毕业后选择做体育记者的刘军在一家体育纸媒从事赛事报道工作，因工作需要经常奔波于各类体育赛事进行采访和报道。若干年后，随着对体育行业、体育赛事的了解，纸媒机构转型为传媒公司，衍生孵化出一个体育产业园，园区内囊括多种运动项目，需要由对多种运动项目都有了解的人才，做好整合运营的工作。刘军凭借多年工作经验以及在本领域里广泛的人脉资源优势迅速被派往园区任负责人一职。

刘军在体育产业任职的短短几年，不仅积累了知识信息，也丰富了实践经验，在不断成长学习的过程中，收获了良好的发展前景。

这样的例子不胜枚举。李琦，河南某小学的语文老师，在京北漂，从一个小小球童做起，现在成为一名持有多家权威机构认证的优秀高尔夫教练。月瑶，原是一家科技创业小公司的人力资源部经理，因为疫情的影响不得不转行来到一家连锁体育俱乐部，短短的几年，已然成为这家知名体育俱乐部的重要管理人才。

事实证明，拥有某项专业技能的人才，在体育产业这个领域可以找到更为广阔的发展空间，因为这里人才稀缺。

三、体育产业的职场小贴士

1. 按性格划分

性格外向、以目标为导向、快节奏的人特别适合当运动员和总教练。因为他们追求的目标就是更快、更高、更强，非常符合体育精神。

性格外向、以人际为导向、快节奏的人更适合做宣传。因为这类性格的人不会让自己活得太辛苦，不太适合当运动员。他们喜欢结交朋友，体验各种生活，因此他们更适合做体育赛事的宣传、推广、运营工作或者体育记者、体育赛事的解说员。

性格内向、以人际为导向、慢节奏的人适合做幼儿教练。他们天生就有爱心、耐心和恒心，深得孩子们的喜爱。

性格内向、以目标为导向的人适合做裁判。他们为人低调，做事严谨，讲秩序，求公正，因此很适合做裁判；但是他们害怕竞争，不喜欢挑战，所以这种性格不太适合当运动员。

2. 按公司规模大小划分

若想积累公司一条龙的实践工作经验，首选小公司，小公司麻雀虽小，五脏俱全。若想积累公司流程、权限、跨级沟通等协调能力就去大公司，大公司会教你规范化的工作方法。年轻的时候去大公司积累经验，中年后可以去小公司独当一面。若想积累品牌、溢价、版权等驾驭能力，要去有品牌影响力的知名公司。

3. 按单位性质划分

若想积累体制内经验，解决户口、宿舍、行政级别等就去中字头、体育局、体育协会等机构。若想积累商务资源充裕、客户广泛的 B 端机构经验，选择体育综合体、大型体育运动中心。若想积累 C 端客户资源、精英人群人脉，选客单价高的体育项目，如帆船、高尔夫、马球等。

若喜欢计件工作，选球童、服务、维护等岗位。

4. 按个人需求划分

喜欢时间灵活不固定坐班的，选项目制工作，或者季节性的体育活动公司。

喜欢冲击高收入的，选招商、销售等岗位。

喜欢保持自身运动习惯的，选教练、教学、陪练等岗位。

喜欢行走于各个国家、城市的，选全球、全国办赛、办论坛、开课程的企业。

喜欢三点一线、时间固定、地点稳定的，选青少体育培训机构。

5. 按年龄划分（指应聘时的年龄）

30 岁之前，各个岗位均可尝试。

30—35 岁，选择自己喜欢的，并有深造、晋升可能的岗位。

35—45岁，选择综合条件（位置、职级、权限、机会）好的，以谋求行业资深岗位深耕发展。

45—60岁，选择符合自身身体、家庭情况的，不强求，顺其自然的岗位。

生娃之前，可以选出差为主的工作，借工作之便游走各方、体会各地风土民情；生娃之后，可以选本地的，早晚回家方便带娃。

6. 按性别划分

男性，可选择运营、商务、项目、裁判、教学等户外的、出差多的力量型岗位。

女性，可选客服、店长、教师、秘书等室内的、稳定的技巧型岗位。

7. 按兴趣划分

对全体育范畴感兴趣的，想了解跨运动项目信息的，可选大的综合型体育媒体、传媒公司，比如央视的体育记者，可报道的运动项目涉猎比较广，包括篮球、足球、乒乓球、马拉松等。

喜欢某一类体育项目的，可选某一门类运动的媒体机构，比如网球播报、美国NBA篮球播报等。

8. 按工作场地划分

喜欢户外的，可选择马术、山地自行车、跑步等项目。

喜欢室内的，可选择乒乓球、羽毛球、瑜伽、健身等项目。

不怕冷的，可选择滑雪、花样滑冰等项目。

不怕热的，可选择篮球、足球等项目。

不怕晒的，可选择马拉松、沙滩排球、高尔夫等项目。

喜欢休闲轻松的，可选择体育度假村。

9. 按能力擅长的不同划分

擅长人际交往的，可选运营、市场、商务、营销类岗位。

擅长事务性工作的，可选计分、测量、测绘、物资管理类岗位。

10. 按想结识的不同人群划分

想认识年轻人的，可选马术、篮球、体操、网球等。

想认识企业家的，可选高尔夫、游艇等。

想认识律师、医生的，可选马术、网球等。

想扎根于男性为主人群的，可选足球、篮球、冰球、高尔夫等。

想置身于女性为主人群的，可选马术、体操、瑜伽、健身等。

在众多的体育项目中，一定有一款是孩子喜欢的，在众多和体育相关的工作中，也一定有一项是适合孩子的。关注体育，给孩子创造多一条出路。

体育明星该不该追
　　——体育偶像和"饭圈文化"

　　在刚刚结束的杭州亚运会上，00 后王楚钦获得了男单、男双、混双、男团四个项目的金牌，成为乒乓球比赛亚运会历史上第一个"四冠王"。而同队的樊振东，和王楚钦携手夺得亚运会乒乓球男团、男双金牌，并在男单决赛中顶峰相见，让中国队包揽了男单的冠亚军。国乒取得的巨大成功也让这些为国争光的运动员们成了广大体育迷热烈追捧的对象，"大头""小胖"都是球迷对他们亲切的爱称。然而一部分粉丝打着追星的旗号，越界查询运动员的行程和航班，出现在机场、训练馆和酒店宿舍外，长时间蹲守跟拍的现象，严重影响了运动员的训练及日常生活。

　　2023 年 10 月 14 日深夜，王楚钦通过微博发文，坚决抵制"代拍"行为:"希望大家能尊重彼此的隐私,保持距离,给我一些喘息的私人空间。"而此前樊振东已数次发文,呼吁"不要把饭圈陋习带进竞技体育""恳请球迷允许我做个普通人""请跟我一起共同抵制饭圈化的思维方式和言行,迎来清清朗朗的新年"。

这次事件再次让我们对体育偶像和"饭圈文化"这一现象陷入了深深的思考。

一、体育偶像和"饭圈文化"的衍生

其实从2016年的里约奥运会开始,体育迷里就有了一众女孩的加入,她们自发地给偶像助威、宣传,替偶像发声,成为体育明星最强大的后援团,这种现象我们称之为"饭圈文化"。"饭圈文化"逐渐渗透到了体育圈里,体育明星也逐渐被"偶像化",在粉丝经济的加持下,体育偶像在商业、社会和文化各个领域里都有了新的价值。

1. 体育明星偶像化带来的积极价值

首先,体育健儿们的曝光率更高了。以前的运动员可能只有体育迷关注,普罗大众知之甚少。当体育明星被更多地曝光后,他们敢于在镜头面前让观众了解运动之外最真实的自己——或可爱,或率性,他们充分展现自己的个人魅力,拉近了与观众之间的距离,这不仅获得了大众的喜爱,将这种喜爱变现,还为自己带来一定的经济效益。体育明星代言广告,参加综艺,向娱乐圈发展,在提高自身收入的同时也为退役后提供了一条很好的谋生之路。

其次，相比娱乐明星，运动健儿身上的正能量和内在的优秀品质会更多、更真实一些，这是优质偶像应当具备的特质。粉丝的年轻化让越来越多的青少年开始关注体育明星，而体育明星在体育比赛中所表现出来的坚持不懈、竭尽全力，为梦想拼搏、奋斗的精神在青少年价值观形成的过程中会起到一定的正向引导作用。

再次，体育明星大多都是世界冠军，他们不仅受国人爱戴也会受到全世界的关注，因此其一言一行都可能成为国家文化和大众价值观的符号。中国体育健儿在国际舞台上所表现出来的拼搏、坚持，以及对外国友人的善意，都彰显出中华民族"自强不息""仁爱""和谐"的优秀传统文化，这为中国传统文化的输出和弘扬起到了很好的作用，同时也提供了一条新的路径。

总之，让更多的青少年认识体育明星，追捧体育明星不失为一个既时尚又积极的好的趋势。

2. 体育追星"饭圈化"也存在风险

虽说让更多的年轻人关注体育是一件好事，但是，当体育明星成为"全民新偶像"的同时，也遇到了很多意想不到的麻烦事。跟拍代拍、公开运动员私人行程、堵门直播、发私信骚扰辱骂、粉丝群体互撕等侵犯运动员个人隐私、干扰运动员训练和赛事运行的不良"饭圈"行为也时有报道，成为潜在的风险。"饭圈文化"既让运动员因"出圈"而出彩，但同时"饭圈"特质也会对体育领域进行侵蚀，这点我们做家长和老师的必须警惕和防范。

风险 1　过度神化体育明星

年轻人，尤其是不谙世事的小女生，他们热情、冲动，在吹捧自己的偶像、对其进行"神化"的造神过程中常常失去理性，偏执的偶像崇拜让"饭圈文化"滋生畸形样态。

比如那些女粉丝原本对体育项目本身的兴趣不大，有的甚至连体育运动的基本常识都不了解，只是单纯迷恋体育明星个人，对偶像过度"神化"。竞技体育毕竟是靠实力说话，但粉丝"封神式"拔高夸赞，在饭圈乃至各个平台上更容易被广泛传播。比如："不为××，谁会关注×项目""×××是永远的神"和"×××以一己之力赢了比赛""没有×××，谁会看这种糊项目"等等，这些吹捧话术不仅有损体育明星的个人形象，也割裂了他和队友、体育项目以及行业中其他从业者之间的共生关系。

风险 2　极端、病态追星容易失去理性判断

著名游泳运动员菲尔普斯曾在采访中提到，乔丹是他的偶像，在他的运动生涯中，一直以乔丹为榜样。他说："偶像的出现，让我暗下决心，努力成为和他一样的人。"如果是这样追星，相信社会和家长都会积极支持和鼓励。

但在"饭圈"中，不少青少年粉丝对偶像的无限热爱趋于狂热，逐渐背离了"更快、更高、更强、更团结"的体育精神，破坏了体育运动竞争的常态。更有一些粉丝会莫名其妙地把偶像当成受害者，把那些比自己偶像更优秀的队友和对手当成"眼中钉"，为偶像"撕"队友、"撕"对手、"撕"教练、"撕"裁判。手段从人身攻击到造谣污名化，从恶意举报到人肉搜索逐渐升级。"饭圈"思维裹挟着尚未形成独立思考和判断能力的青少年粉丝，使他们在盲目崇拜和排他对立中变得更加狭隘和固执。

关于这个问题，尤小迪（网球职业选手）在采访中这样说道：

> 现在有网络了，大家看球就更方便了，球迷、观众也就越来越多了。有那么多人关注网球，这让我们感到非常欣慰。粉丝像亲人一般的声援也让我们倍受鼓舞。但是打比赛嘛，总有输赢，这很正常。我想提个建设性的建议，就是希望球迷、粉丝能够把更多的精力放在技、战术的探讨上，而不要盯在某个球员身上。赢了比赛，就把你夸上天，封成神；输了，就把你打入地狱。有时双方球迷还会互撕，撕的时候口不择言，长相、性格、动作什么都诋毁，严重影响了球员的身心健康及相互之间的关系。另外，我想说运动员的粉丝并不代表运动员本人，我们运动员有的时候挺简单的，就想好好打比赛，没想到除了打球还会滋生出这么多事。有的年轻选手因为这突发的不可控的情况，心理承受不了这样的压力而精神崩溃，这对网球界来说是很大的损失。

真所谓"成也萧何，败也萧何"。家长要平衡利弊，既让孩子不脱离他们所属的文化圈层，又让孩子在追星的过程中尽量做到趋利避害，这就更加考验家长的智慧了。

风险3　远离体育的严肃性，过度追求娱乐性

研究报告显示，体育"饭圈"的粉丝有很大一部分是在校女生，她们对娱乐性内容情有独钟,她们把体育明星当成了娱乐明星来八卦。体育明星的颜值、身材、着装、恋情这些花边新闻为她们津津乐道,而真正的体育比赛却被她们边缘化。运动员在赛场上的表现、技战术运用这些严肃的内容无人关心,而体育明星的表情、动作、口头禅却成为粉丝们议论的热点。

二、如何对孩子进行"饭圈文化"的正向引导

1. 鼓励孩子正当的追星行为

孩子们为什么会追星?因为偶像在粉丝心中是光一般的存在,孩子们去追光,当然是一件自然又美好的事情,能遇见并追求美好,我们家长应该积极鼓励并支持。

如前文所述,相比孩子们追捧的娱乐明星,体育明星更应该成为孩子们学习的榜样。娱乐明星的出圈除了自身的努力之外,更多是资本的运作和个人运气等诸多因素造就。但任何一个世界冠军的背后都是无尽的汗水和货真价实的辛苦,这样的明星会让孩子们知道成功绝不可能有捷径,取巧的人生不值得炫耀。

近几年,东京奥运会、北京冬奥会、杭州亚运会上多位"顶流"体育明星凭借他们优异的成绩频频"出圈",不少网友表示"这才是值得追的星"。健康、阳光的形象使运动员成为"全民新偶像",网友评价说"奥运会狠狠修正了我的审美"。尤其在北京冬奥会上,谷爱凌成功逆袭,斩获中国女子雪上项目的冬奥会历史首金后,新浪微博热搜榜的五十个话题中有二十六个与谷爱凌相关,几乎"包揽"了全天的网络顶级流量。

近期，姚明入选《篮球名人堂》，他的讲演让很多人看到了中国体育人的人格魅力，他不仅有超人的身高，而且有超人的智慧和胸怀，既有美式的幽默又有中式的谦逊和感恩，既有对队友和教练的感谢又有对对手的尊重。他说："一个伟大的球员不仅要有伟大的队友，更要有伟大的对手，他们会推动你不断努力，杀不死你的东西会把你变得更强大。"

这样高水平的运动员会对我们青少年产生很好的引领作用，一开始是因为一场球、一个动作关注他，后来发现这样的球员他会全方位地闪光，这种光芒无形中会照耀到我们的孩子。

最近有一则新闻引起人们的关注，回浦中学——浙江台州市临海县的一个名不见经传的普通中学，在全国中学生篮球比赛中打败了久负盛名的清华附中夺得了全国冠军，临海这个县级城市也因此出了名。更令人感动的是，领奖台上，队员们举着受伤队员的球衣一起上台，荣誉面前一个也不能少，此刻再热血的动漫，也不及现实里沸腾的青春。比赛结束后，队员们荣归故里，县政府用花车迎接，乡亲们追着花车跑，如同梅西回阿根廷般荣耀。球员们和小朋友们握手，握到手的小朋友兴奋地说："我一周都不要洗手了。"家长们纷纷对孩子们说要向大哥哥们学习，他们多么勇敢、多么顽强，他们为家乡争了光。原来偶像并不遥远，就在家乡，就在身边。

孩子们追这样的星，意义无穷！

2. 让孩子学会正确看待输赢

竞技体育是讲究输赢的，但作为观众，作为粉丝，当自己喜欢的运动员没有拿到理想名次时，我们应该抱持着一种怎样的心态呢？

让我们来回顾一下体育发展史上不同时期观众的不同表现，如果今天的你对当年那些观众的种种表现或嘲笑、或唏嘘，答案是不是就不言而喻了？

李宁时代——只能赢，不能输

1982年，在第六届世界杯体操比赛上，李宁凭借一己之力夺得男子七项比赛中的六枚冠军奖牌，创造了世界体操运动历史上的神话，从此拥有了"体操王子"的称号，并当选为1982年度全国十佳运动员，获得了一台政府奖励的24英寸的彩色电视机。可是在1988年的汉城奥运会上，因为年轻运动员没有培养出来，国家队出现了青黄不接的现象。而体操王子李宁的运动巅峰期已过，身体状况已经开始下滑，为了国家的利益他不得不勉强上阵，但各种因素导致他在比赛中连连失误，没有拿到一块奖牌。为了保持国家的形象和尊严，李宁在动作失误后脸上依旧保持着淡定的微笑。但很多观众不干了，他们不能理解没有拿到奖牌怎么还笑得出来，真是不知羞耻！他们纷纷给李宁写信责骂他、羞辱他，要求他把国家奖励的电视机退回来，更有甚者用砖头砸他家的窗户，还有观众给他寄去了绳子，命令他去上吊，说他是国家的耻辱。那几年李宁默默地承受着所有的屈辱和不被理解。

当体育被政治化后，原本单纯的竞技体育变成了一颗"怪味豆"。

刘翔时代——你必须参赛，受伤也要参赛

2004年雅典奥运会，刘翔在男子110米栏项目中跑出了12秒

91，以平世界纪录的成绩，拿到了中国第一枚男子田径项目金牌，打破了欧美选手的垄断，成为中国田径史上第一个具备世界影响力的偶像明星。万众欢呼，奉其为神明。然而在 2008 年的北京奥运赛场上，刘翔因腿伤的缘故临时退赛，激起了鸟巢众多观众的愤怒。各种网暴铺天盖地，骂刘翔是演员、是逃兵，说他不该退赛，爬也要爬到终点。但值得一提的是此时的官方、媒体和一些观众都开始表示理解，认为对于一个运动员来说，健康比金牌更重要。但刘翔一直背负着骂名，直到 2021 年东京奥运会上，苏炳添跑出了非凡的成绩后，在采访中感谢刘翔时，大家才觉得，这么多年来，我们欠刘翔一个道歉。

当体育明星被赋予超过体育本身的价值时，正常失利会让他瞬间跌落神坛。

王璐瑶时代——你可以赢也可以输，只要尽力就好

时间来到 2021 年的东京奥运会，女子 10 米气步枪比赛上，王璐瑶在资格赛中发挥失常，无缘决赛。她在社交平台上发文表示："各位抱歉，很遗憾，我承认我厌了，三年后再见吧！"有的网友却说："输了还发自拍，这就有点过了。"随后，不堪压力的王璐瑶删除了这条微博。与此同时，网络上也涌现了不少支持和鼓励她的声音。"王璐瑶仍是浙江了不起的姑娘"登上热搜，不少人为这位二十三岁的年轻女孩加油打气："胜败乃兵家常事""能去奥运会已经很优秀了""你不需要向任何人道歉"。《环球时报》也发表评论:"必须旗帜鲜明,反对对奥运赛场上失利的中国运动员实施网暴。"

胜败乃兵家常事,运动员可以输得淡定,观众也要看得从容。

虽说观众与体育明星的关系有时相互依赖相爱相杀,但随着国民素质的提高,还是会有越来越多的观众以平常心来看待比赛,相对于比赛的输赢,一场高水平、精彩的比赛更为重要。

3. 教孩子理性看待体育明星身上的优、缺点

体育明星可以成为青少年追逐的偶像,但由于种种主、客观原因,他们同样有很多不完美,如郭晶晶这般德、智、体全面发展的体育明星少之又少。就拿刚刚创造出"水花消失术"的跳水天才全红婵来说,她虽然极具跳水天赋,人又朴实可爱,被粉丝昵称为"婵宝",却会因为太小就经历封闭式训练没有接受应有的教育而频频"露怯"。她从没有去过动物园和游乐园,也不认识妈妈生的病的名字,这些让我们听起来有些心酸的同时也会感到些许遗憾。还有个别国家级选手,战术、技能顶顶一流,却因为读书少,受教育不全面,造成德行、素质的低下、不入流。

很多运动员在还只是运动员时,会竭尽全力拼出好成绩,毕竟运动员的黄金时光就那么几年,但是或许连他自己也没有想到,当他终于有一天苦尽甘来,夺得金牌站在领奖台上时,也是他"明星人设"崩塌的开始。聚光灯下,他身上所有的一切都会随着他的光环被一起放大,连同他的性格、言谈举止以及修为素养。当那些"不好"被曝光时,或许他们也很委屈:我还没来得及修正这些呢!甚至他们都不知道这样做不好、不对,或

者说对社会产生了极坏的影响，这只是他们本能的、下意识的动作，他们也想不到自己竟然一夜之间变成这么有影响力的人物。

出色的成绩背后一定有好的东西支撑，恶劣行为的背后也一定是教育的缺失。

曝光在聚光灯下的体育明星也开始越来越注意了，他们发现德行远比成绩更重要，成绩是一时的，德行是一世的。梅西之所以能成为全世界的梅西，不仅因为他精湛的球技，更因为他对情感的专一和对世界的温柔。

4. 不让孩子在追星的道路上走偏

"饭圈文化"具有很强的排他性，粉丝需要无条件支持偶像，容不得半点批评，这很容易把赛事讨论变成非黑即白的"站队"和"控评"。很多粉丝为了从众而违背自身意愿去伤害他人，被一些不合理的"饭圈"规则所绑架。比如必须要为偶像氪金、做数据、"撕"对家，否则就不是"真爱"。这给年轻的粉丝们带来了很大的经济负担，从而也造成了他们的心理压力，这显然违背了追星的初衷。家长们发现这些问题时要及时止损。晓之以理，动之以情，不让孩子在追星的道路上越走越偏。

最后想对家长说，当我们发现孩子在追星时，不必把它视为洪水猛兽，避之不及，想想当年，你也有你的周杰伦、你的苏炳添。但家长也不能对孩子的追星行为视而不见，甚至连孩子追的那个星是谁、是干什么的都不知道。我们需要通过和孩子的聊天知道孩子的追星动向，了解孩子喜欢偶像的哪些方面，并且私下里关注一下孩子所追捧的偶像，替孩子把把关，让孩子把对明星关注的重心放在积极的一面。同时，引导孩子用更开放、客观的心态对待自己所爱的明星。

后记：
写在2023年第十九届杭州亚运会后

此书全稿的完成恰逢第19届亚运会在杭州落下帷幕，中国体育代表团荣获201枚金牌、383枚奖牌，取得亚运会参赛历史最好成绩，第11次蝉联亚运会金牌榜榜首，再次展现了中国作为体育强国的风采，这让我们兴奋不已。杭州亚运会的成功举办，不仅展示了中国在竞技体育方面的实力，也为全民体育的发展奠定了坚实的基础。我们相信，中国将彻底翻开竞技体育、全民体育的新篇章。

我们来看看两届运动会的不同之处。

2008年我们举办北京奥运会的时候，没有任何举办经验，我们拿着国际奥委会全英文的指导手册逐字去读、去学习。当时我们太想借奥运这个机会向世界展现中国了，这一刻我们等得太久太久。那时我们做任何事都小心翼翼，生怕在哪个环节上出现丝毫的疏漏，我们要争气，我们要争光。当然 2008 年的奥运我们获得了巨大的成功，我曾经亲耳听到一位北欧奥组委工作人员说，这是我们看过的最好的、无与伦比的奥运会开幕式。但即便如此当我们听到一点不同的声音时，我们还是会感到万分紧张和不安。

2023 年杭州亚运会就大大不同了。主办过夏奥和冬奥两届大赛的主办方明显有了底气，心态放松了很多。不管是年轻音控师的各种操作还是穿着汉服的拉拉队的表演，让整个体育赛场都嗨了起来。有网友笑称，好像家里大人不在，小鬼当家，把家里玩翻天了。运动会开成了演唱会，其实是大家有容错度，不怕犯错，勇于尝试，大家都玩得很开心，一场体育赛事有了它该有的模样。

再说对金牌的态度，2008 年奥运会，我们勇夺金牌，非常想用金牌数第一的成绩来向世界展现我们的体育实力。我们有很强的执念，对金牌患得患失，所以从这个角度讲，当年我们都欠刘翔一个道歉。但这次亚运会观众们更看重的是运动员在体育比赛中展现出的顽强拼搏的运动精神，而不再仅是比赛成绩。这种转变显示出观众们对体育精神更深层次的理解和诠释。

2008 年，我们向世界展现了中国五千年厚重的历史，这是当时的中国底气。而 2023 年，我们向世界展示了未来感和科技感，这是我们现在的底气。这十五年来，我们看到了国家的进步和国民心态的变化，最突出的就是从内而外散发出的自信和松弛感。

2008 年，我们很多金牌运动员是退役后走进大学校园，而 2023 年的这届亚运会上，我们看到了越来越多的金牌运动员来自全国各地的综合大学。我们终于迎来了从"运动员大学生"到"大学生运动员"的转变，真正做到了无体育不中国。

再来说说亚运会和我们家庭教育的关系。

前不久,《人民日报》用了一个标题"最好的你成就了更好的我"。此次的亚运赛场上运动员们新老接续,彼此激励,相互成就,他们是最强的对手也是最好的队友。就如同那场让观众兴奋不已的男子 4×100 米接力,在前三个队友都尽了最大努力却依旧被日本队领先的情况下,第四棒队员拼尽全力上演了一场超燃逆转,最终战胜了日本队,为中国队赢得了冠军。更好的我的出现是因为背后有最好的你的支持。生活中,我们让孩子练体育,不光是为了强身健体,更是为了能从小培养孩子这些优秀的品质和体育精神。

本届亚运会因为各方面都办得漂亮引起了国内外的广泛关注,运动员也因此备受瞩目。有人喜欢这个运动员,也有人议论那个运动员。站在最高处如同站在聚光灯下,每个细节都被放大,这对运动员的心态是种考验。观众喜欢你时,你浑身都是优点,熠熠生辉;网友贬低你时,你浑身都是缺点,刀刀见血。练体育,练就的不光是超强的技能还有一颗刀枪不入的心,因为谁都不可能永远第一,谁都有掉下来的时候,心理的强大才是真正的强大。而体育、比赛正是锻造强大心理的最好道场。对于粉丝来说,得体、大方、兼容才是他们该有的气质和态度。所以家长朋友们,如果你的孩子身体、心理各方面能力都超强,那就让他去练体育。如果只是普通孩子,只要他们爱体育、享受体育就足够了。在鼓励孩子追体育明星的同时,一定要引导正确的价值观,保持客观、理性,不要盲目地把"饭圈文化"中的狭隘和偏激带入体育领域中。

十一国庆,我们惊喜地发现家家都是老少几代人围坐在电视机前观看亚运，对运动项目和运动员都如数家珍。曾经，运动只是一部分人热衷的话题，而现在已经变成了一个非常大众的全民话题，这真是可喜可贺，衷心希望这股体育热潮能一直延续下去，伴随着我们华夏的子子孙孙。

我们在本书中采访到了各行各业的近三十位体育相关人士，他们为我们提供了宝贵的经验和信息。

其中有为中国体育事业作出杰出贡献的著名运动员：陈露（中国第一位花样滑冰世界冠军）、邢傲伟（奥运体操男团冠军）、高崚（奥运羽毛球混双冠军）、王丽萍（奥运竞走冠军）、钱红（蝶泳皇后、奥运冠军）、华天（中国奥运马术三项赛骑士）。他们是冠军，是体育领域里站在金字塔塔尖的人。他们的亲身经历让孩子们看到了优秀的模样。

还有为中国体育教育事业付出了心血和智慧的专业体育老师、教练、体育工作者，他们就孩子体育中考备考、体育特长的培养提出了宝贵而具体的指导建议。

另外还有众多的体育爱好者，他们的分享让我们对体育充满了好奇，也让孩子们更想参与其中、享受其中。

最后，还有很多热心的家长，他们的分享不仅实实在在地告诉我们体育在家庭教育中的痛点和难点，还提供了很多切实可行的解决方法。

感谢他们对我们工作的积极配合和辛勤付出！相信孩子们定会从中受益！

邵珊、景春婷、张晓光

2023年10月于北京

图书在版编目（CIP）数据

体育中考，你准备好了吗？/ 邵珊，景春婷，张晓光著. -- 北京：作家出版社，2024.1
ISBN 978-7-5212-2599-0

Ⅰ.①体… Ⅱ.①邵…②景…③张… Ⅲ.①体育课-初中-升学参考资料 Ⅳ.①G634.963

中国国家版本馆CIP数据核字（2023）第215547号

体育中考，你准备好了吗？

作　　者：	邵　珊　景春婷　张晓光
责任编辑：	郑建华　李　雯
装帧设计：	
出版发行：	作家出版社有限公司
社　　址：	北京农展馆南里10号　　邮　　编：100125
电话传真：	86-10-65067186（发行中心及邮购部）
	86-10-65004079（总编室）
E-mail:	zuojia@zuojia.net.cn
http://www.zuojiachubanshe.com	
印　　刷：	唐山嘉德印刷有限公司
成品尺寸：	165×240
字　　数：	164千
印　　张：	13.75
版　　次：	2024年1月第1版
印　　次：	2024年1月第1次印刷
ISBN	978-7-5212-2599-0
定　　价：	52.00元

作家版图书，版权所有，侵权必究。
作家版图书，印装错误可随时退换。